105 coisas que Deus diz sobre você...
Apropriando-se de sua herança

E.C. NAKELI, Ph.D

105 coisas que Deus diz sobre você...

Apropriando-se de sua herança

E. C. Nakeli

105 coisas que Deus diz sobre você...Apropriando-se de sua herança

© 2022 by E. C. Nakeli

Todos os direitos reservados. Nenhuma parte desta publicação pode ser reproduzida, armazenada em um sistema de recuperação ou transmitida de qualquer forma ou por qualquer meio - por exemplo, eletrônico, fotocópia, gravação - sem a permissão prévia por escrito do editor. A única exceção são breves citações em resenhas impressas.

Para entrar em contato com o autor, escreva para:

E. C. Nakeli

Karlstr. 4

75053 Gondelsheim

Alemanha

105 coisas que Deus diz sobre você...Apropriando-se de sua herança/ E. C. Nakeli

ISBN: 978-1-945055-14-0

Salvo indicação em contrário, as referências bíblicas são de

A BÍBLIA SAGRADA, NOVA VERSÃO INTERNACIONAL®, NIV®

Copyright © 1973, 1978, 1984, 2011 por Biblica, Inc.™

Usado com permissão. Todos os direitos reservados no mundo inteiro

Índice

Prefácio à segunda edição x
Introdução 11
#1 Você é o sal da terra 13
#2: Você é a luz do mundo 15
#3: Você tem o conhecimento dos segredos do reino 17
#4: Tudo é seu para pedir 19
#5: Você tem autoridade para ligar e desligar 21
#6: Você tem os genes de Deus em você 23
#7: Você está seguro em Cristo 25
#8: Você tem um lugar preparado e garantido no céu 27
#9: Você está espiritualmente limpo 28
#10: Você é um ramo da videira 30
#11: Você foi especialmente escolhido pelo Senhor 31
#12: Você não pertence ao mundo 33
#13: Você tem direito ao batismo do Espírito Santo 35
#14: Seu período e local de vida foram pré-determinados por Deus 36
#15: Você vive e se move e tem seu ser em Deus 37
#16: Você foi liberto do pecado 39
#17: Você está livre da condenação 40
#18: Você é controlado pelo Espírito 41
#19: Seu sofrimento atual não pode ser comparado à glória que o espera ... 42
#20: Toda a criação está aguardando sua manifestação 43
#21: O Espírito intercede por você 45
#22: Todas as coisas cooperam para o seu bem 47

#23: Porque Deus é por você, não importa quem está contra você 49

#24: Nada pode te separar do amor de Deus 51

#25: Cristo se tornou sua justiça e santidade 53

#26: Você foi lavado, santificado e justificado..54

#27: Seu corpo é o templo de Deus 55

#28: Você foi ungido e selado por Deus 56

#29: Cristo morreu por você para que você viva para Ele 58

#30: Você é uma nova criatura em Cristo 59

#31: Você é o embaixador de Cristo 60

#32: Tu és abençoado 62

#33: Você é a semente de Abraão 64

#34: Você tem todas as bênçãos espirituais de que precisa 65

#35: Você está sentado com Cristo nos lugares celestiais............................66

#36: Você é um cidadão do céu 67

#37: Deus que começou Sua obra em você vai completar la 69

#38: Você foi qualificado para participar da herança dos santos.....................71

#39: Deus trouxe você para o Reino de Cristo 73

#40: Você é santo e muito amado 75

#41: Deus te fortalecerá e te protegerá 77

#42: Você tem o Espírito de poder, amor e ousadia......................................78

#43: Você é um sacerdote real 80

#44: Você tem tudo o que precisa para a vida e a piedade 82

#45: Você venceu o maligno 84

#46: Você é um filho de Deus 85

#47: Deus é capaz de impedir que você caia 87

#48: Deus te dá tudo para sua diversão 89

#49: Deus designou a sua porção 91

#50: Deus te guiará sempre 93

#51: Deus carrega cada dia com benefícios para você 94

#52: Seus pecados passados foram separados longe de você....... 96

#53: Deus vai te proteger de todo mal 98

#54: Deus te conheceu antes de você nascer............................. 100

#55: Você é obra especial de Deus 102

#56: Os pensamentos de Deus sobre você são numerosos e preciosos 104

#57: Deus tem bons planos para você 106

#58: Deus nunca te deixará nem te abandonará até que você cumpra seu destino 108

#59: Nenhuma arma forjada contra você prosperará 110

#60: Nenhuma feitiçaria pode trabalhar contra você................. 112

#61: Todos os que te atacam se renderão a você 114

#62: Deus dará homens em troca de você 116

#63: Deus tornará seus lugares difíceis suaves.......................... 117

#64: Ele lhe dará os tesouros das trevas.................................... 119

#65: O que Deus planejou para você, nada pode impedir.......... 121

#66: É a sua temporada de brilhar 123

#67: Você é uma cidade fortificada 125

#68: Você é um pilar de ferro 127

#69: você é um deus 128

#70: Você é a menina dos olhos de Deus 130

#71: Você está gravado nas palmas das mãos de Deus.............. 132

#72: Você é um imperialista espiritual 134

#73: Você é um terror para o diabo 136

#74: Você está cercado de favor.. 138

#75: Você é mais que um vencedor... 140

#76: Você pode amar todo mundo 142

#77: Você venceu o mundo 144

#78: você foi curado...145

#79: Você é um filho da promessa 146

#80: Você tem uma fonte pronta de ajuda..148

#81: Você foi feito à imagem de Deus 150

#82: Você foi formado para estar no controle..................................152

#83: Você é um filho do destino 154

#84: Deus fez você resistente a tempestades e chamas 156

#85: Você é o bem precioso de Deus...158

#86: Seu futuro é mais brilhante que seu presente.........................160

#87: Bondade e misericórdia foram atribuídas a você 162

#88: Você tem o poder de moldar seu destino 164

#89: Há anjos ao seu redor 166

#90: Você é uma chama viva de fogo 168

#91: Você é um herdeiro do Pai...169

#92: Você tem poder de ressurreição em você 171

#93: Existem rios fluindo dentro de você 173

#94: Tudo é possível para você se você acreditar 175

#95: Deus te fez invencível 177

#96: Você tem imunidade divina 179

#97: Sua libertação é garantida 181

#98: Você deve estar sempre no topo 183

#99: Deus sabe o que você precisa 185

#100: Você é inútil sem Cristo Jesus 187

#101: Vai ficar bem com você...189

#102: Você vai desfrutar do fruto do seu trabalho..........................191

#103: Sua vida está escondida com Cristo em Deus........................193

#104: Você é casado com Cristo 195

#105: Deus lhe dará singeleza de coração 197

Conclusão 199

Prefácio à segunda edição

Esta é a segunda edição revisada de "105 coisas que Deus diz sobre você", publicada pela primeira vez em 2010. Revisei e expandi a maioria dos pontos compartilhados na primeira edição para trazer mais clareza. Há um tremendo poder liberado na palavra falada. O que um homem ouve influenciará grandemente sua conduta ou comportamento, aparência e desempenho. Há muitas vidas que estão sendo destruídas porque as pessoas tentaram construir suas vidas com base no que os outros disseram sobre elas. Eles reagem de acordo com o que o mundo diz sobre eles e, inconscientemente, tornam-se moldados pela opinião humana. Não importa o rótulo que seus inimigos, amigos, família, colegas, colegas ou quem quer que tenha lhe dado. Se você sabe o que Deus diz sobre você, então você pode viver a vida com a cabeça erguida, independentemente dos cínicos, céticos e críticos.

O apóstolo Paulo disse a Timóteo em 1 Timóteo 1:18 para seguir as profecias que foram feitas sobre ele. Este livro apenas traz algumas profecias que Deus deu aos seus filhos, então acredite e siga-as. Ao fazer isso, você estará moldando sua vida no molde da vontade divina.

Introdução

Qualquer conhecimento que um homem possua influencia muito o que ele faz e como ele reage às pessoas e situações. A ignorância é a falta de conhecimento útil e funciona como uma grande limitação na medida das façanhas que sua vítima pode realizar. Eu sempre disse que a ignorância é uma das grandes doenças que atormentam a humanidade e há continuamente uma grande necessidade de erradicar este mal, especialmente entre os santos.

O Senhor Deus disse: "Meu povo está sendo destruído por falta de conhecimento" (Oséias 4:6a). Portanto, não é o poder de seu inimigo que está destruindo você nem sua sabedoria, mas sua falta de coração ou conhecimento espiritual que é o problema. Por que digo conhecimento do coração? Porque assuntos espirituais são assuntos do coração e não da cabeça! Existem muitas pessoas com muito conhecimento intelectual, mas até que seja transmitido ao coração, produz muito poucos resultados. Portanto, o propósito deste pequeno livro não é inchar sua cabeça, mas expandir seu coração e levá-lo a uma posição em que o resultado de sua vida seja influenciado pelo que você sabe.

Deve-se notar que o que estou compartilhando neste livro é o que Deus diz a respeito de Seus filhos, aqueles que assumiram o compromisso irreversível de obedecer ao Senhor Jesus Cristo. Não faria nenhum bem a você simplesmente pegar este livro e lê-lo inteiro. Você pode reivindicar tudo descrito aqui, mas não funcionará para você até que você chegue a essa rendição vital e incondicional a Jesus Cristo como seu Senhor e Salvador pessoal. Não hesite em fazer esta oração se quiser que o Senhor Jesus entre em seu coração agora mesmo para que você possa se beneficiar de tudo o que será dito aqui. Se você estiver pronto, apenas ore assim, com toda a sinceridade:

"Senhor Jesus, eu admito que sou um pecador. Eu admito que você morreu por mim. Venho a Ti neste momento com todos os meus pecados; passado, presente e futuro. Peço Teu perdão. Lava-me com o teu sangue e limpa-me de todos os meus pecados. Dê-me um novo coração e um novo espírito. Ajuda-me a amar-te e a servir-te todos os dias da minha vida. Pegue meu coração e faça dele seu lar. Amem"

Se você fez essa oração com sinceridade, agora está apto a reivindicar tudo o que será compartilhado aqui. Que Deus o abençoe enquanto você lê e crê em Sua palavra, e que Ele o introduza em tudo o que Ele ordenou para você!

#1

Você é o sal da terra
(Mateus 5:13)

"Você é o sal da terra. Mas se o sal perde o sabor, como pode tornar-se salgado novamente? Para nada mais presta, senão para ser lançado fora e pisado pelos homens".

Porque você é o sal da terra, isso significa que você é um conservante. Você tem a capacidade de prevenir a decadência moral e espiritual onde quer que esteja. Assim como o sal impede que os micróbios funcionem e causem apodrecimento, você tem a capacidade inerente de impedir as ações do diabo onde quer que esteja. Sua presença em sua família deve evitar que as coisas se deteriorem lá. Sua presença naquele local de trabalho deve impedir que o diabo e seus agentes humanos funcionem na plenitude de sua capacidade, ate pode interromper totalmente suas atividades! Você é o conservador da terra!

Além disso, o sal fornece sabor. As coisas devem ficar mais doces por causa da sua presença. No dia em que você sair daquele escritório ou local de trabalho, as coisas não serão mais tão boas quanto quando você estava lá. Deus fez assim e o diabo não pode negar. E le pode ficar com raiva, mas sabe que os filhos de Deus são aqueles que preservam esta terra e dão o sabor que ela merece. No dia em que formos levados, tudo ficará amargo e apodrecerá na velocidade da luz. Saia de casa diariamente e diga a si mesmo que vou fazer tudo para evitar a deterioração e vou proporcionar um sabor celestial onde quer que irei.

Proclame o que você é

Pai, agradeço-te pelo que dizes a meu respeito. Eu creio na Tua palavra de todo o meu coração e de toda a minha alma. Eu me recuso a acreditar no que minhas circunstâncias dizem. Eu me recuso a acreditar no que as pessoas dizem. Eu permaneço em sua palavra e, portanto, confesso que sou o que você diz que sou. E eu sou quem você diz que eu sou.

Eu sou a luz do mundo. Minha luz não pode ser apagada. Vou deixar minha luz brilhar onde você me colocou e no que você me deu para fazer. Farei brilhar a luz da minha vida no caminho da vida para que outros possam encontrar o Caminho. A escuridão não suporta minha presença. Vou dissipar a escuridão onde quer que eu vá e em tudo que eu fizer. Manterei contato vital com a fonte de poder para brilhar o mais forte possível, no poderoso Nome de Jesus, amém.

#2

Você é a luz do mundo.
(Mateus 5:14) (Efésios 5:8)

"Você é a luz do mundo. Não se pode esconder uma cidade sobre uma colina".

"Porque outrora fostes trevas, mas agora sois luz no Senhor. Vivam como filhos da luz"

A luz é o que faz com que as pessoas vejam e, portanto, funcionem normalmente. O Senhor disse que você é a luz do mundo. Isso significa que suas palavras e ações irão iluminar o caminho certo ou o caminho errado. Quando você faz as coisas certas, você esta aponta sua luz para as pessoas escolherem o caminho certo. Sem você, a escuridão cobrirá o mundo e as coisas se desfarão. É a ignorância do mundo que os faz odiar os filhos de Deus.

Sua presença naquele escritório ou bairro fornece luz e dissipa a escuridão que, de outra forma, cobriria aquele lugar. Decida que você brilhará sua luz no caminho da vida para que outros vejam o caminho e sigam. Mantenha-se em contato com a fonte de poder para que sua luz continue a brilhar. A luz de muitas pessoas é apagada porque eles estabelecem um contato vital com a casa do poder. Mantenha comunhão vital com a Videira Verdadeira e viva consciente da luz brilhante que você carrega.

Entre em todos os lugares com a intenção de deixar sua luz brilhar. Às vezes, quando você entra em um lugar, quando sua luz brilha, aqueles que amam a escuridão podem reagir negativamente a você, não por causa de algo que você disse ou fez, mas porque se sentem desconfortáveis com a luz que você trouxe. Algumas reações em relação a você não são sobre você, mas sobre a luz que você carrega.

Proclame o que você é

Pai, agradeço-te pelo que dizes a meu respeito. Eu creio na Tua palavra de todo o meu coração e de toda a minha alma. Eu me recuso a acreditar no que minhas circunstâncias dizem. Eu me recuso a acreditar no que as pessoas dizem. Eu permaneço em sua palavra e, portanto, confesso que sou o que você diz que sou. E eu sou quem você diz que eu sou.

Eu sou a luz do mundo. Minha luz não pode ser apagada. Vou deixar minha luz brilhar onde você me colocou e no que você me deu para fazer. Farei brilhar a luz da minha vida no caminho da vida para que outros possam encontrar o Caminho. A escuridão não suporta minha presença. Vou dissipar a escuridão onde quer que eu vá e em tudo que eu fizer. Manterei contato vital com a fonte de poder para brilhar o mais forte possível, no poderoso Nome de Jesus, amém.

#3

Você tem o conhecimento dos segredos do reino
(Mateus 13:11)

"O conhecimento dos segredos do reino dos céus foi dado a vocês, mas não a eles."

O reino de Deus tem segredos que levam você a desfrutar da abundância que está escondida lá dentro. Você sabe que os tesouros estão sempre escondidos e apenas aqueles que conhecem os segredos desses tesouros têm acesso e, portanto, podem se beneficiar deles. O Senhor diz que você já conhece os segredos. Pode ser que você simplesmente não saiba que são segredos para desvendar os mistérios que estão escondidos na palavra.

É alguém ter a chave de uma casa do tesouro sem saber que é a chave de tal lugar. Tudo o que você precisa saber é como aplicar os segredos que já possui. Você não é um estranho! Você tem os segredos da casa; começa a fazer uso deles. Peça ao Espírito Santo, o Revelador dos mistérios de Deus, para iluminar os segredos do Reino em sua posse e como aplicar los efetivamente para obter o máximo impacto.

Proclame o que você é

Pai, agradeço-te pelo que dizes a meu respeito. Eu creio na Tua palavra de todo o meu coração e de toda a minha alma. Eu me recuso a acreditar no que minhas circunstâncias dizem. Eu me recuso a acreditar no que as pessoas dizem. Eu permaneço em sua palavra e, portanto, confesso que sou o que você diz que sou. E eu sou quem você diz que eu sou.

Eu tenho os segredos do Reino dentro de mim. Pela fé os atrairei e os usarei para desvendar os tesouros escondidos em Tua palavra. Tenho acesso aos mistérios divinos. Eu entenderei as coisas do Reino. O que está fechado para os outros é acessível para mim. Obrigado por um presente tão maravilhoso, em Nome de Jesus, amém.

#4

Tudo é seu para pedir
(Mateus 7:7)

"Pedi e dar-se-vos-á; Procura e acharás; bata e a porta será aberta para você.

Tudo o que você precisa ter para viver a vida em sua plenitude de acordo com a vontade de Deus está apenas a um pedido de você. Você só precisa pedir com fé e será seu. Tiago disse: "Você não tem porque não pede a Deus" (Tiago 4:2c). Não me importa o que você deseja, se estiver de acordo com a palavra de Deus e Seu plano para você como indivíduo, você pode obtê-lo se pedir. Eu não disse isso. Ele disse isso em Sua palavra infalível. Ele não disse em outra parte de Sua santa palavra que nenhum bem falta àqueles que buscam o Senhor? Está escrito: "Os leões podem ficar fracos e famintos, mas aos que buscam o Senhor bem nenhum lhes falta (Salmos 34:10). A razão pela qual carecemos de coisas boas é porque buscamos as coisas boas. Deus quer que você o busque e, ao buscá-lo, você encontrará todas as coisas boas. À medida que você o busca, sua vontade se alinha à Dele, e à medida que você pede de acordo com a vontade Dele, ela se torna sua, como disse São João: Esta é a confiança que temos ao nos aproximarmos de Deus: que se pedirmos algo de acordo com a vontade dele, ele nos ouve (1 João 5:14). A ênfase está em qualquer coisa de acordo com a Sua vontade.

Proclame o que você é

Pai, agradeço-te pelo que dizes a meu respeito. Eu creio na Tua palavra de todo o meu coração e de toda a minha alma. Eu me recuso a acreditar no que minhas circunstâncias dizem. Eu me recuso a acreditar no que as pessoas dizem. Eu

permaneço em sua palavra e, portanto, confesso que sou o que você diz que sou. E eu sou quem você diz que eu sou.

Eu sou Seu filho, tudo o que tenho é seu e tudo o que você tem é meu, basta pedir. Eu rejeito a mentalidade do mendigo. Vou permanecer em uma posição onde você sempre pode me ouvir quando eu pedir qualquer coisa. Eu sei que você está mais do que disposto e pronto para me dar. Então venho com fé para fazer meu pedido conhecido a Ti, Em Nome de Jesus, amém.

#5

Você tem autoridade para ligar e desligar
(Mateus 18:18)

"Em verdade vos digo, tudo o que ligares na terra será ligado no céu, e tudo o que desligares na terra será desligado no céu."

Quando o Senhor fez essa revelação surpreendente, Ele estava nos dizendo que podemos moldar nossa vida de acordo com as coisas que queremos. O que quer que esteja acontecendo com você, que seja contrário à palavra de Deus, você tem o mandato de ligá-lo e torná-lo ineficaz. As coisas que você espera, mas parecem não acontecer, você pode soltá-las de qualquer coisa que as esteja segurando. Você vê que o que você permite acontece e o que você recusa deixa de acontecer. As coisas que fluem livremente no céu, mas são impedidas na terra, devem ser soltas para fluir aqui na terra, as coisas que não estão no céu, mas que se manifestam aqui na terra e impedem a plenitude da vida que você deve viver na terra, devem ser vinculado. Esta autoridade foi dada a você para determinar os assuntos deste planeta para que esteja em sincronia com o céu.

Proclame o que você é

Pai, agradeço-te pelo que dizes a meu respeito. Eu creio na Tua palavra de todo o meu coração e de toda a minha alma. Eu me recuso a acreditar no que minhas circunstâncias dizem. Eu me recuso a acreditar no que as pessoas dizem. Eu permaneço em sua palavra e, portanto, confesso que sou o que você diz que sou. E eu sou quem você diz que eu sou.

Não posso ser limitado pelo que não permiti e tenho mandato para perder o que quero. Em Nome de Jesus, eu amarro todas as forças contrárias que operam em meus negócios e ambiente. Perco minhas bênçãos no reino espiritual. Eu libero anjos para cumprir missões em meu nome e fazer as coisas acontecerem a meu favor, amém

#6

Você tem os genes de Deus em você
(João 1:12-13)

"No entanto, a todos os que o receberam, aos que creram em seu nome, ele deu o direito de se tornarem filhos de Deus: 13 filhos nascidos não por descendência natural, nem por decisão humana ou vontade do homem, mas nascidos de Deus".

A criança recebe automaticamente os genes do pai. Porque você nasceu de Deus, você tem os genes de Deus dentro de você. Os genes da sabedoria, poder, sucesso e capacidade criativa estão todos dentro de você. A partir de hoje você deve deixar de agir como uma pessoa normal porque nasceu do Alto. Você pode falar coisas à existência porque os genes de seu Pai estão em você. Lembre-se de que Ele criou tudo e transmitiu a você esses mesmos genes. Da próxima vez que alguém lhe perguntar do que você acha que é feito; diga a ele que você é feito de genes divinos.

Está escrito que: "Porque somos membros do seu corpo, da sua carne e dos seus ossos" (Efésios 5:30). Uma coisa comum entre as partes do corpo humano é que todas as partes são feitas do mesmo material genético. Os genes na cabeça são os mesmos genes nos pés, os genes no cérebro são os mesmos genes nos intestinos.

Porque você nasceu de Deus, você é um vencedor. Você é capaz de amar sem reservas. Tu és capaz de perdoar todos aqueles que pecam contra ti e te ferem. Você é capaz de andar em santidade e justiça. Porque você nasceu de Deus, você é mais que um conquistador, os genes de domínio e governo estão dentro de você.

Proclame o que você é

Pai, agradeço-te pelo que dizes a meu respeito. Eu creio na Tua palavra de todo o meu coração e de toda a minha alma. Eu me recuso a acreditar no que minhas circunstâncias dizem. Eu me recuso a acreditar no que as pessoas dizem. Eu permaneço em sua palavra e, portanto, confesso que sou o que você diz que sou. E eu sou quem você diz que eu sou.

Eu tenho seus genes em mim. Guardei dentro de mim sabedoria divina, poder, capacidade criativa. Por ser Seu filho, refletirei a vida do alto. Recuso-me a raciocinar, pensar, falar e agir como alguém nascido de descendência natural. Vou falar coisas que não são como se fossem porque seu poder criativo reside em mim, em Nome de Jesus, amém.

#7

Você está seguro em Cristo
(João 10:28-29)

"Eu lhes dou a vida eterna e eles nunca perecerão; ninguém pode arrebatá-los da minha mão. 29 Meu Pai, que mas deu, é maior do que todos; ninguém pode arrebatá-las da mão de meu Pai".

A insegurança é uma das doenças que atormentam o mundo. Mas para você que está em Cristo você está seguro de todas as ameaças do maligno. Você está protegido tanto pela mão do Pai quanto pelo Senhor Jesus. Seus inimigos podem se enfurecer até a morte, mas você pode não se comover com suas ameaças, porque o Ser mais forte do universo está mantendo você. Portanto, pare de entrar em pânico e relaxe na proteção segura que o Pai oferece a você diariamente. Sirva a Deus com a sensação de segurança de que o Maior está ao seu lado. Ele envolve você com chamas de fogo. Ele construiu uma barreira de proteção ao seu redor e tudo o que é seu. Lembre-se: "Vós sois de Deus, filhinhos, e já os vencestes; porque maior é aquele que está em vós do que aquele que está no mundo" (1 João 4:4). Levante-se diariamente e personalize este versículo em voz alta: "Ora, Aquele que é poderoso para impedir que vocês caiam e para apresentá-los sem defeito diante da presença de sua glória com grande alegria, Ao único Deus sábio, nosso Salvador, seja glória e majestade, domínio e poder, agora e sempre. Amém" (Judas 1:24-25).

Proclame o que você é

Pai, agradeço-te pelo que dizes a meu respeito. Eu creio na Tua palavra de todo o meu coração e de toda a minha alma. Eu me recuso a acreditar no que minhas circunstâncias dizem. Eu me recuso a acreditar no que as pessoas dizem. Eu

permaneço em sua palavra e, portanto, confesso que sou o que você diz que sou. E eu sou quem você diz que eu sou.

Confesso que estou seguro em Ti. Nada pode me prejudicar porque estou em Ti e Tuas mãos me seguram em Ti. Recuso-me a ceder ao medo mesmo em meio às tempestades. Sei que nada pode me arrebatar de tuas mãos. Rejeito todo tipo de insegurança na forma como penso, falo e ajo. Eu relaxo na certeza de Sua proteção, no grande Nome de Jesus, amém.

#8

Você tem um lugar preparado e garantido no céu
(João 14:1-2)

"Não se perturbe o vosso coração. Confie em Deus, confie também em mim. Na casa de meu Pai há muitas moradas; se não fosse assim, eu teria dito a você. Vou para lá preparar-vos lugar".

Se você realmente nasceu de novo, você tem um lugar garantido no céu. Muitas pessoas não vivem vidas efetivas porque o diabo continua trazendo dúvidas em suas mentes sobre sua segurança eterna. O Senhor diz que preparou um lugar para você; muito em breve Ele virá para levá-lo para estar com Ele. Então, da próxima vez que o diabo vier questioná-lo, diga-lhe para se afastar, pois você tem uma mansão garantida esperando por você no Reino do qual ele foi vergonhosamente expulso. Viva diariamente de acordo com a vontade revelada de Deus em Sua palavra, e você não terá com o que se preocupar. Pois Aquele que o chamou é capaz de guardá-lo até o dia da Sua volta.

Proclame o que você é

Pai, agradeço-te pelo que dizes a meu respeito. Eu creio na Tua palavra de todo o meu coração e de toda a minha alma. Eu me recuso a acreditar no que minhas circunstâncias dizem. Eu me recuso a acreditar no que as pessoas dizem. Eu permaneço em sua palavra e, portanto, confesso que sou o que você diz que sou. E eu sou quem você diz que eu sou.

Tenho um lugar garantido no céu para mim. Vou viver santo e em obediência a você para permanecer no caminho que me leva até lá. Não sou candidato ao inferno. Eu sou um candidato certo para o céu. Nesta terra, estou apenas em uma jornada de peregrinação. Recuso-me a perder de vista meu destino, em Nome de Jesus, amém.

#9

Você está espiritualmente limpo
(João 15:3)

"Vós já estais limpos pela palavra que vos tenho falado."

O conhecimento do fato de que você está limpo por causa da palavra de Deus que foi falada a você o impedirá de brincar com a lama do pecado. Assim como você evitará a sujeira quando souber que está limpo, também evitará tudo o que contamina porque sabe que foi purificado pela palavra. James falou sobre "evitar ser poluído pelo mundo". Você foi purificado pela palavra de Deus que você ouve. Da próxima vez que alguém o convidar para a lama do pecado, diga a essa pessoa que você está limpo demais para brincar na lama.

Agora, porque você vive em um mundo contaminado, as coisas podem se esfregar em você inconscientemente, é por isso que você deve encontrar a palavra por meio de leitura sistemática, estudo e meditação porque, ao interagir com a palavra, ela lava e limpa você das impurezas. Está escrito que, "Para que ele possa santificá-lo e purificá-lo com a lavagem da água pela palavra (Efésios 5:25). A palavra tem um papel na sua santificação!

Proclame o que você é

Pai, agradeço-te pelo que dizes a meu respeito. Eu creio na Tua palavra de todo o meu coração e de toda a minha alma. Eu me recuso a acreditar no que minhas circunstâncias dizem. Eu me recuso a acreditar no que as pessoas dizem. Eu

permaneço em sua palavra e, portanto, confesso que sou o que você diz que sou. E eu sou quem você diz que eu sou.

Fui lavado, fui santificado e justificado em Cristo. Eu me recuso a brincar com o pecado. Manter-me-ei afastado de tudo o que contamina o espírito, a alma e o corpo. Eu rejeito as acusações do maligno sobre o meu passado, em Nome de Jesus, amém.

#10

Você é um ramo da videira
(João 15:5)

"Eu sou a videira; vocês são os galhos. Se alguém permanecer em mim e eu nele, esse dará muito fruto; sem mim nada podeis fazer".

A Videira é Jesus, e você é um ramo dessa Videira. Isso significa que você tem uma conexão permanente com o Vine. Você está conectado com Aquele que mantém todas as coisas pela palavra de sua autoridade, o Rei de todo o universo. Significa que todo o seu suprimento vem Dele, sua própria vida se origina Dele. É por esta razão que você deve fazer de tudo para não se separar da videira.

Além disso, o ramo só pode dar frutos de acordo com o tipo da videira. Assim, a partir de hoje não dareis fruto que não seja da videira a que pertenceis. Recuse-se a permitir que o diabo faça qualquer tipo de enxerto em sua vida. Você deve e deve produzir apenas o fruto do Espírito.

Proclame o que você é

Pai, agradeço-te pelo que dizes a meu respeito. Eu creio na Tua palavra de todo o meu coração e de toda a minha alma. Eu me recuso a acreditar no que minhas circunstâncias dizem. Eu me recuso a acreditar no que as pessoas dizem. Eu permaneço em sua palavra e, portanto, confesso que sou o que você diz que sou. E eu sou quem você diz que eu sou.

Eu sou um ramo da Videira Verdadeira, só posso dar frutos de acordo com a videira. Recuso o inimigo a enxertar seu ramo em mim. Ficarei ligado à videira e produzirei o fruto do Espírito, em Nome de Jesus, amém.

#11

Você foi especialmente escolhido pelo Senhor
(João 15:16)

"Vós não me escolhestes, mas eu vos escolhi e vos ordenei, para que váis e deis fruto, e o vosso fruto permaneça; para que tudo quanto pedirdes ao Pai em meu nome, ele vos conceda"

A escolha de pertencer ao Senhor não partiu de você. Foi Sua decisão e escolha chamá-lo para Si mesmo e torná-lo Seu filho ou filha. Isso não é maravilhoso? Você pode imaginar que Ele passou por muitos outros em sua comunidade e pessoalmente escolheu você entre as muitas pessoas em sua classe, local de trabalho, bairro, tribo, etc., para torná-lo Seu. Então, de hoje em diante, suas lutas para se manter Nele devem parar. Não tente impressionar o Senhor com suas obras. Ele escolheu você por Sua boa vontade e prazer.

Mas depois disso apareceu a bondade e o amor de Deus, nosso Salvador, para com os homens: Não por obras de justiça praticadas por nós, mas segundo a sua misericórdia, ele nos salvou pelo lavar regenerador e renovador do Espírito Santo; Que abundantemente derramou sobre nós por meio de Jesus Cristo, nosso Salvador" (Tito 3:4-6). Ele não mudou Sua escolha. Você ainda é o cara. Da próxima vez que encontrar alguém, diga a ele que você é uma escolha especial do Senhor!

A escolha foi originalmente baseada apenas em Sua graça e misericórdia. E li em algum lugar que "é pelas misericórdias do Senhor que não sejamos consumidos, porque suas compaixões não falham. Eles se renovam a cada manhã: grande é a tua fidelidade" (Lamentações 3:22-23). Não importa o que você tenha feito, Suas misericórdias são novas a cada manhã. Não sinta como se Deus tivesse mudado sua escolha de você. Você ainda é aquele que ele escolheu. Apenas se arrependa e mude seu caminho de volta para seus braços amorosos. Você é a escolha dele!

Proclame o que você é

Pai, agradeço-te pelo que dizes a meu respeito. Eu creio na Tua palavra de todo o meu coração e de toda a minha alma. Eu me recuso a acreditar no que minhas circunstâncias dizem. Eu me recuso a acreditar no que as pessoas dizem que eu permaneço em sua palavra e, portanto, confesso que sou o que você diz que eu sou. E eu sou quem você diz que eu sou.

Confesso que sou especial aos seus olhos. Decido relaxar em Ti. Eu me recuso a lutar para me manter em você. A escolha foi sua e você não mudou de ideia a meu respeito. Obrigado por atravessar a multidão e me destacar para demonstrar sua bondade. um homem

#12

Você não pertence ao mundo
(João 15:19)

"Se você pertencesse ao mundo, ele o amaria como se fosse dele. Como é, você não pertence ao mundo, mas eu escolhi você fora do mundo. É por isso que o mundo te odeia."

Muitas pessoas pensam que os crentes estão agindo de forma estranha. Isso é verdade, absolutamente verdade! A simples razão é que eles são estranhos neste mundo! Um estranho deve agir de maneira estranha, por isso é chamado de estranho. A partir de hoje, você deve se ver como não fazendo parte deste mundo. Caso contrário, você não manterá suas supostas ações e comportamentos estranhos.

Sua cultura é diferente da deles, razão pela qual eles não conseguem entender você. O Senhor Jesus Cristo em Sua oração de partir orando pelos discípulos disse ao Pai: "Eles não são do mundo, assim como eu não sou dele" (João 17:16), então de hoje em diante você não vai mais se comprometer! Pare de buscar ser aceito pelo mundo. Muitas pessoas em sua busca pela aceitação mundana adotaram os padrões, caminhos e princípios do mundo. Você não se lembra que o sistema do mundo está em inimizade com Deus?

Não está escrito que "Não ameis o mundo, nem as coisas que há no mundo. Se alguém ama o mundo, o amor do Pai não está nele. Porque tudo o que há no mundo, a concupiscência da carne, a concupiscência dos olhos e a soberba da vida, não é do Pai, mas do mundo. E o mundo passa, e a sua concupiscência; mas aquele que faz a vontade de Deus permanece para sempre (1 João 2:15-17)?

Proclame o que você é

Pai, agradeço-te pelo que dizes a meu respeito. Eu creio na Tua palavra de todo o meu coração e de toda a minha alma. Eu me recuso a acreditar no que minhas circunstâncias dizem. Eu me recuso a acreditar no que as pessoas dizem que eu permaneço em sua palavra e, portanto, confesso que sou o que você diz que eu sou. E eu sou quem você diz que eu sou.

Recuso-me a pensar, raciocinar, falar e agir como o mundo. Estou separado do mundo e separado para Deus. Não permitirei que o mundo me esprema em seu molde. Eu viverei pelos princípios do Reino. Vou pensar, raciocinar, falar e agir de acordo com o Reino ao qual pertenço. Em Nome de Jesus, amém.

#13

Você tem direito ao batismo do Espírito Santo
(Atos 2:39)

"A promessa é para vocês e para seus filhos e para todos os que estão longe, para todos aqueles que o Senhor nosso Deus chamar."

Como alguém que confessou a Cristo como seu Senhor e Salvador, você tem o direito de ser batizado pelo Espírito Santo. É a promessa do Pai. É muito importante que você seja batizado no Espírito Santo, caso ainda não o seja. Você perde muito vivendo uma vida que não é constantemente preenchida pelo Espírito. Ele o ensinará a orar e orará por você em uma linguagem especial. Ele o guiará e lhe dirá coisas que, de outra forma, você não saberia. Reivindique esta promessa; é seu direito como alguém nascido de cima.

Proclame o que você é

Pai, agradeço-te pelo que dizes a meu respeito. Eu creio na Tua palavra de todo o meu coração e de toda a minha alma. Eu me recuso a acreditar no que minhas circunstâncias dizem. Eu me recuso a acreditar no que as pessoas dizem que eu permaneço em sua palavra e, portanto, confesso que sou o que você diz que eu sou. E eu sou quem você diz que eu sou.

Acredito que não posso viver em todo o meu potencial, muito menos aproveitar o seu potencial sem o Espírito Santo. Eu quero ser cheio do Espírito Santo, eu me submeto ao batismo do Espírito Santo com a evidência de falar em línguas.

#14

Seu período e local de vida foram pré-determinados por Deus
(Atos 17:26)

"De um homem ele fez todas as nações dos homens, para que habitassem toda a terra; e ele determinou os tempos estabelecidos para eles e os lugares exatos onde deveriam morar.

Antes de você nascer, Deus determinou o período em que você deveria viver e o lugar em que você deveria viver para o maior impacto de Seu Reino. O lugar onde um homem fica importa muito para a realização de seu destino ordenado por Deus. Cabe a você perguntar a Deus onde Ele decidiu que você morasse. Há poder em estar geograficamente no lugar certo. Falei sobre isso em detalhes em meu livro "Fulfilling your Destiny".

Proclame o que você é

Pai, agradeço-te pelo que dizes a meu respeito. Eu creio na Tua palavra de todo o meu coração e de toda a minha alma. Eu me recuso a acreditar no que minhas circunstâncias dizem. Eu me recuso a acreditar no que as pessoas dizem que eu permaneço em sua palavra e, portanto, confesso que sou o que você diz que eu sou. E eu sou quem você diz que eu sou.

Senhor, eu não quero viver minha vida tentando coisas. Eu sei que você predeterminou onde eu deveria morar em qualquer momento da minha vida. Recuso-me a mover-me pelas oportunidades e circunstâncias. Seguirei sua orientação sobre onde localizar ou me mudar para permanecer em sua vontade e bênção, em Nome de Jesus, amém.

#15

Você vive e se move e tem seu ser em Deus
(Atos 17:28)

"Pois nele vivemos, nos movemos e existimos.' Como alguns de seus próprios poetas disseram: 'Somos descendentes dele'".

Como filho de Deus, você vive por Deus, você se move por Deus, você existe em Deus. Enquanto você estiver vivo, você tem Deus em você. Ele é a própria essência da sua vida. Da próxima vez que sentir que Deus está muito longe, diga a si mesmo que Ele está perto, porque enquanto você tiver vida, essa vida se origina Dele. Sem Ele as coisas vão desmoronar em sua vida. Ao fazer suas escolhas diariamente, faça-o com a consciência de Deus trabalhando em você e através de você, então as coisas serão muito mais diferentes no sentido positivo disso.

O profeta Jeremias confessou: "Ó Senhor, eu sei que o caminho da [vida de] um homem não está em si mesmo; Não está dentro [da capacidade limitada do] homem [mesmo que esteja no seu melhor] escolher e dirigir seus passos [na vida]" (Jeremias 10:23, Amp) e o professor disse: "A mente do homem planeja seu caminho [enquanto ele caminha pela vida], mas o Senhor dirige seus passos e os firma" (Provérbios 16:9, Amp) e "Os passos do homem são ordenados pelo Senhor. Como então um homem pode [totalmente] entender o seu caminho?" (Provérbios 20:24, Amp). Deus está sempre no controle, mesmo das escolhas conscientes e inconscientes que você faz quando está no escuro.

Proclame o que você é

Pai, agradeço-te pelo que dizes a meu respeito. Eu creio na Tua palavra de todo o meu coração e de toda a minha alma. Eu me recuso a acreditar no que minhas

circunstâncias dizem. Eu me recuso a acreditar no que as pessoas dizem que eu permaneço em sua palavra e, portanto, confesso que sou o que você diz que eu sou. E eu sou quem você diz que eu sou.

Seguirei sua liderança em tudo o que fizer, meus passos, voltas e paradas serão feitos de acordo com seu espírito. Recuso-me a seguir meus instintos, em nome de Jesus. Dou cada passo nesta vida sabendo que você determina o resultado e direciona meu caminho. Amem.

#16

Você foi liberto do pecado
(Romanos 6:6-7)

"Porque sabemos que o nosso velho homem foi crucificado com ele, para que o corpo do pecado seja destruído, para que não sejamos mais escravos do pecado; pois quem morreu está justificado do pecado".

Um prisioneiro que recebeu clemência, mas não sabe, permanecerá em sua cela. Ele pode até ser atormentado pelos carcereiros. O pecado é um mestre de tarefas difíceis que não solta seus cativos. Mas a liberdade foi decretada para você no momento em que você confessou a Cristo de coração. Portanto, a partir de hoje, você não permitirá mais que o pecado seja seu mestre. Você foi libertado pelo Rei do universo e, portanto, não permite que nada o mantenha cativo por qualquer motivo. Isso será uma violação de um decreto real.

Proclame o que você é

Pai, agradeço-te pelo que dizes a meu respeito. Eu creio na Tua palavra de todo o meu coração e de toda a minha alma. Eu me recuso a acreditar no que minhas circunstâncias dizem. Eu me recuso a acreditar no que as pessoas dizem. Eu permaneço em sua palavra e, portanto, confesso que sou o que você diz que sou. E eu sou quem você diz que eu sou.

Declaro que estou livre do pecado. Estou morto para o pecado e, portanto, não posso mais praticar o pecado. Rejeito as reivindicações do pecado sobre mim, recuso-me a ceder ao seu poder e apelos. Eu tomo minha posição na liberdade e santidade que Cristo trouxe para mim. Em nome de Jesus, amém.

#17

Você está livre da condenação
(Romanos 8:1-2)

"Portanto, agora nenhuma condenação há para os que estão em Cristo Jesus, porque por meio de Cristo Jesus a lei do Espírito da vida me livrou da lei do pecado e da morte."

Porque você está em Cristo Jesus, que é seu advogado, você não está mais sob condenação. Na verdade, você tem estado imune a todo tipo de condenação por causa de sua fidelidade ao rei. Todas as acusações feitas contra você são retiradas no momento em que você toma a decisão de seguir a Cristo. Não deixe o diabo te acusar por mais tempo. Na próxima vez que ele vier com suas acusações, diga-lhe que ele está vivendo atrasado porque Cristo Jesus suportou a condenação em seu lugar.

Proclame o que você é

Pai, agradeço-te pelo que dizes a meu respeito. Eu creio na Tua palavra de todo o meu coração e de toda a minha alma. Eu me recuso a acreditar no que minhas circunstâncias dizem. Eu me recuso a acreditar no que as pessoas dizem que eu permaneço em sua palavra e, portanto, confesso que sou o que você diz que eu sou. E eu sou quem você diz que eu sou.

Agora não há condenação sobre a minha vida. Fui perdoado, limpo, justificado e restaurado. Eu repreendo toda voz de acusação. Fui declarado inocente, liberto e protegido pela lei do Espírito da vida. Eu me recuso a operar sob a lei da condenação, em Nome de Jesus, amém.

#18

Você é controlado pelo Espírito
(Romanos 8:9)

"Vocês, porém, não são controlados pela natureza pecaminosa, mas pelo Espírito, se o Espírito de Deus habita em vocês. E se alguém não tem o Espírito de Cristo, esse tal não é de Cristo".

Paulo diz aqui que se o Espírito de Deus vive em você, então é Ele quem o controla. A direção do Espírito pode se entrelaçar em sua vida normal de modo que você nem perceba que Ele está guiando você. Mas, na verdade, é Ele quem leva você a tomar todas as decisões corretas e passos certos que você já deu. Paulo diz que você é controlado pelo Espírito e não que você pode ser ou será, mas que você atualmente está sendo controlado por Ele porque Ele vive em você. Isso não é maravilhoso? Que você pode viver com a consciência de que sua vida é controlada pelo Espírito Santo para que você possa ativamente ceder à sua direção, inspiração e cutucada?

Proclame o que você é

Pai, agradeço-te pelo que dizes a meu respeito. Eu creio na Tua palavra de todo o meu coração e de toda a minha alma. Eu me recuso a acreditar no que minhas circunstâncias dizem. Eu me recuso a acreditar no que as pessoas dizem que eu permaneço em sua palavra e, portanto, confesso que sou o que você diz que eu sou. E eu sou quem você diz que eu sou.

Eu sou um ser espiritual, com uma alma, vivendo em um corpo. Não sou guiado pela carne, mas pelo Espírito. Eu me rendo continuamente ao Espírito, não ouvirei e não seguirei nenhuma outra voz senão a do Espírito. Farei minhas escolhas e tomarei decisões de acordo com o que o Espírito está dizendo, em Nome de Jesus, amém.

#19

Seu sofrimento atual não pode ser comparado à glória que o espera
(Romanos 8:18)

"Considero que os nossos sofrimentos presentes não se comparam com a glória que em nós há de ser revelada."

Como cristão, você decidiu abrir mão de muitas coisas na forma de prazer ou outras coisas. Existem algumas dores que você suporta que, de outra forma, não teriam acontecido se você não fosse um cristão. No entanto, tudo o que você passou ou está passando e ainda vai passar não pode ser comparado com a glória que está esperando por você por causa do sofrimento que você está suportando por amor ao Seu Nome.

Proclame o que você é

Pai, agradeço-te pelo que dizes a meu respeito. Eu creio na Tua palavra de todo o meu coração e de toda a minha alma. Eu me recuso a acreditar no que minhas circunstâncias dizem. Eu me recuso a acreditar no que as pessoas dizem que eu permaneço em sua palavra e, portanto, confesso que sou o que você diz que eu sou. E eu sou quem você diz que eu sou.

Todo sofrimento que vier em meu caminho por causa da cruz, pelo custo de seguir-te, eu aceitarei e abraçarei. O que quer que eu suporte, pela causa do evangelho, não pode ser comparado com a glória que vem por causa disso. Não vou buscar o sofrimento, mas também não vou fugir dele porque sei que você está sempre comigo e me guiará vitoriosamente em cada passo. Em Nome de Jesus, amém.

#20

Toda a criação está aguardando sua manifestação
(Romanos 8:19)

"A criação espera com grande expectativa que os filhos de Deus sejam revelados."

Os filhos de Deus têm muito papel a desempenhar nestes últimos tempos. Toda a criação está esperando ansiosamente por sua manifestação como filho de Deus. Você tem estado escondido por muito tempo.

É hora de sair do seu esconderijo e fazer façanhas para o seu Deus e Seu Cristo. É hora de você manifestar aquilo que Deus depositou em você. A criação está escravizada pelo diabo e busca sua libertação. Nós, como filhos de Deus, somos os únicos a trazer liberdade para o resto da criação ainda em cativeiro. Quando eles olham para você, eles desejam ver você manifestar o poder e a glória que Deus depositou em você. A partir de hoje saiba que muitas coisas estão esperando por você para começar a se manifestar. O destino da criação está ligado à sua manifestação, para ser trazido à gloriosa liberdade das realizações da cruz do Calvário. Diga em voz alta: "é a estação da minha manifestação, minha luz está brilhando cada vez mais. Estou revelando o céu na terra".

Proclame o que você é

Pai, agradeço-te pelo que dizes a meu respeito. Eu creio na Tua palavra de todo o meu coração e de toda a minha alma. Eu me recuso a acreditar no que minhas circunstâncias dizem. Eu me recuso a acreditar no que as pessoas dizem que eu

permaneço em sua palavra e, portanto, confesso que sou o que você diz que eu sou. E eu sou quem você diz que eu sou.

Vou cumprir meu destino e não perdê-lo. Serei manifestado à minha geração. Minha geração ficará satisfeita com minha manifestação porque espera ansiosamente por mim. Os olhos contemplarão a maravilha de sua obra em mim e se alegrarão com o que você fez de mim. Serei um assombro para a mente comum em Nome de Jesus, amém.

#21

O Espírito intercede por você
(Romanos 8:26-27)

"Da mesma forma, o Espírito nos ajuda em nossa fraqueza. Não sabemos o que devemos pedir, mas o próprio Espírito intercede por nós com gemidos que as palavras não podem expressar. E aquele que sonda nossos corações conhece a mente do Espírito, porque o Espírito intercede pelos santos de acordo com a vontade de Deus".

Você tem um intercessor onisciente constante que ora por você de acordo com a vontade de Deus para sua vida. Isso significa que Suas orações por você não podem ficar sem resposta, pois Ele conhece a mente do Pai a seu respeito. É por esta razão que você deve praticar a oração no Espírito sempre porque, conforme você lhe der a oportunidade, Ele orará através de você, por você e pelos outros. Eu pessoalmente oro no Espírito por pelo menos duas horas durante minhas sessões normais de oração. Quando você não souber o que orar, apenas deixe que Ele ore através de você em palavras desconhecidas. Ore intencionalmente por situações com palavra desconhecida

Quando você se entregar a Ele, Ele orará com uma intensidade que as palavras não podem expressar.

Proclame o que você é

Pai, agradeço-te pelo que dizes a meu respeito. Eu creio na Tua palavra de todo o meu coração e de toda a minha alma. Eu me recuso a acreditar no que minhas circunstâncias dizem. Eu me recuso a acreditar no que as pessoas dizem que eu permaneço em sua palavra e, portanto, confesso que sou o que você diz que eu sou. E eu sou quem você diz que eu sou.

Senhor, agradeço a intercessão infalível do Espírito Santo em meu favor. Obrigado porque cada oração Dele em meu nome é respondida. Darei a Ele mais oportunidades de interceder por mim orando no espírito com frequência e sempre. Em Nome de Jesus, amém.

#22

Todas as coisas cooperam para o seu bem
(Romanos 8:28)

"E sabemos que em todas as coisas Deus trabalha para o bem daqueles que amam aqueles que foram chamados de acordo com o seu propósito."

É maravilhoso saber que até mesmo as más intenções do diabo em relação a você funcionarão para o seu bem, desde que você ame a Deus. O diabo não tem a palavra final em sua vida. Não importa o que ele faça, é o Todo-Poderoso Jesus quem tem a palavra final, ou seja, é Ele quem determina o resultado de qualquer coisa que apareça em seu caminho. Você pode pegar qualquer combinação de coisas que aconteceram com você. Deus diz que todas essas coisas resultarão em seu bem. Pare de glorificar o diabo, dando-lhe crédito pelas coisas que são permitidas em sua vida. Reconheça a soberania e a centralidade de Cristo Jesus em sua vida. Cada vez que você dá crédito ao diabo, você está se condenando como alguém que não ama a Deus. Se você realmente ama o amor, há uma coisa em que pode apostar sua vida, que em todas as coisas Deus trabalhará para o seu bem.

Proclame o que você é

Pai, agradeço-te pelo que dizes a meu respeito. Eu creio na Tua palavra de todo o meu coração e de toda a minha alma. Eu me recuso a acreditar no que minhas circunstâncias dizem. Eu me recuso a acreditar no que as pessoas dizem que eu permaneço em sua palavra e, portanto, confesso que sou o que você diz que eu sou. E eu sou quem você diz que eu sou.

Senhor, creio que nada me acontece por acaso porque minha vida está em Tuas mãos. Eu acredito que você trabalha em tudo o que acontece em minha vida para o bem final de seu propósito eterno para minha vida. Eu te amo Senhor, sou chamado de acordo com o seu propósito, portanto em todas as coisas você está trabalhando para o meu bem, em nome de Jesus, amém.

#23

Porque Deus é por você, não importa quem está contra você
(Romanos 8:31)

"O que, então, diremos em resposta a isso? Se Deus é por nós, quem será contra nós?"

Você tem a Pessoa mais forte, a mais alta Autoridade, o melhor Juiz, o maior Advogado, a Pessoa mais sábia, a Pessoa mais amorosa ao seu lado. Agora importa quem está do outro lado? Certamente, não. Deixe o diabo ir para o inferno antes do tempo se ele assim o desejar, você não se importa com Ele porque Deus e você são a maioria e vocês formam a equipa mais forte que pode haver.

 Deixe o diabo bater no beto se ele quiser, sua oposição não conta para nada. Você viverá para enfrentar muita oposição na vida, mas o conhecimento do coração de que Deus está em você, com você e para você fará de você um vencedor perpétuo. Se Deus é a favor do seu casamento, não importa quem é contra. Se Deus é para o seu sucesso e edificação, deixe todo o inferno solto, isso não conta para nada.

Proclame o que você é

Pai, agradeço-te pelo que dizes a meu respeito. Eu creio na Tua palavra de todo o meu coração e de toda a minha alma. Eu me recuso a acreditar no que minhas circunstâncias dizem. Eu me recuso a acreditar no que as pessoas dizem que eu permaneço em sua palavra e, portanto, confesso que sou o que você diz que eu sou. E eu sou quem você diz que eu sou.

Senhor, perdoe-me por pensar que estava sozinho. Perdoe-me pelas vezes em que tive medo e me encolhi diante da oposição. A partir de agora, enfrento desafios sabendo que, porque você está comigo, nenhum desafio pode me derrotar. Com você eu sou imparável. Com você eu sou indomável. Em nome de Jesus, amém.

#24

Nada pode te separar do amor de Deus
(Romanos 8:35-39)

"Quem nos separará do amor de Cristo? Será problema ou dificuldade ou perseguição ou fome ou nudez ou perigo ou espada? Como está escrito:

"Por sua causa enfrentamos a morte o dia inteiro;

fomos considerados como ovelhas destinadas ao matadouro".

RO 8:37 Não, em todas estas coisas somos mais que vencedores por meio daquele que nos amou. 38 Pois estou convencido de que nem morte nem vida, nem anjos nem demônios, nem o presente nem o futuro, nem quaisquer poderes, 39 nem altura nem profundidade, nem qualquer outra coisa na criação será capaz de nos separar do amor de Deus que está em Cristo Jesus, nosso Senhor

Não é maravilhoso saber que o amor de Deus por você é eterno? Não é reconfortante e emocionante perceber que nada neste mundo pode separar você do amor de Deus; sejam coisas no visível ou no invisível, apenas nada? Você pode ter certeza de que nada externo pode romper esse relacionamento amoroso. O relacionamento foi iniciado e é sustentado por Ele. Você pode relaxar e desfrutar desse amor sem fim.

Proclame o que você é

Pai, agradeço-te pelo que dizes a meu respeito. Eu creio na Tua palavra de todo o meu coração e de toda a minha alma. Eu me recuso a acreditar no que minhas circunstâncias dizem. Eu me recuso a acreditar no que as pessoas dizem que eu

permaneço em sua palavra e, portanto, confesso que sou o que você diz que eu sou. E eu sou quem você diz que eu sou.

Senhor, creio que nada pode me separar de Ti, nada pode me separar do teu amor. Estou cercado e envolvido em seu amor. Estarei consciente deste fato todos os dias e em tudo. Em Nome de Jesus, amém.

#25

Cristo se tornou sua justiça e santidade
(1 Coríntios 1:30)

"É por causa dele que você está em Cristo Jesus, que se tornou para nós sabedoria de Deus, isto é, nossa justiça, santidade e redenção."

Porque você professou a Cristo e está vivendo Nele, Ele é sua justiça e santidade diante do Pai. Quando o Pai olha para você, Ele vê a justiça e a santidade de Seu Filho em você e sobre você e, portanto, considera você justo aos Seus olhos. Portanto, se alguém lhe perguntar por que você está confiante de que não é um pecador, diga-lhe que Cristo Jesus se tornou sua justiça e santidade diante de Deus. Você é uma pessoa justa e santa, mas isso não vem de você, mas de Deus. Isso deve deixá-lo confiante e fazer você entender sua vitória sobre o pecado.

Proclame o que você é

Pai, agradeço-te pelo que dizes a meu respeito. Eu creio na Tua palavra de todo o meu coração e de toda a minha alma. Eu me recuso a acreditar no que minhas circunstâncias dizem. Eu me recuso a acreditar no que as pessoas dizem que eu permaneço em sua palavra e, portanto, confesso que sou o que você diz que eu sou. E eu sou quem você diz que eu sou.

Eu creio que sou justo e santo porque Cristo Jesus se tornou minha justiça e santidade em você. Recuso as circunstâncias que me cercam, escolho acreditar no que você diz, em nome de Jesus, amém.

#26

Você foi lavado, santificado e justificado
(1 Coríntios 6:11)

"E isso é o que alguns de vocês eram. Mas fostes lavados, fostes santificados, fostes justificados em nome do Senhor Jesus Cristo e no Espírito do nosso Deus".

Muitas pessoas ainda vivem com a culpa de seus pecados passados e isso as deixa com medo de reivindicar seus direitos como filhos de Deus. Ouça, o que quer que você fosse antes de vir a Cristo, se você se arrependeu e realizou a restituição onde era necessário, não deixe o diabo incomodá-lo mais com acusações. Você foi lavado pelo sangue e aparece sem pecado diante do Pai. Porque você foi lavado, você não pode mais brincar com a lama do pecado. Fique limpo em sua santificação.

Proclame o que você é

Pai, agradeço-te pelo que dizes a meu respeito. Eu creio na Tua palavra de todo o meu coração e de toda a minha alma. Eu me recuso a acreditar no que minhas circunstâncias dizem. Eu me recuso a acreditar no que as pessoas dizem. Eu permaneço em sua palavra e, portanto, confesso que sou o que você diz que sou. E eu sou quem você diz que eu sou.

Vou me manter puro e livre de poluição. Eu me recuso a brincar com qualquer forma de pecado, em Nome de Jesus, amém.

#27

Seu corpo é o templo de Deus
(1 Coríntios 6:19)

"Você não sabe que seu corpo é um templo do Espírito Santo, que está em você, a quem você recebeu de Deus? Você não é você mesmo"

Você é uma habitação viva da Divindade; Pai, Filho e Espírito Santo estão todos vivendo em você, portanto seu corpo é sagrado. Você não pode se dar ao luxo de profanar aquilo que o Pai tornou sagrado por Sua própria presença. Minha oração é que sua visão a respeito desse corpo mude de "meu corpo" para "templo de Deus". Quando isso acontecer, você garantirá que manterá fora desse lugar sagrado qualquer coisa que possa trazer contaminação. Você tratará aquele templo com santa reverência por causa daquele que vive nele.

Proclame o que você é

Pai, agradeço-te pelo que dizes a meu respeito. Eu creio na Tua palavra de todo o meu coração e de toda a minha alma. Eu me recuso a acreditar no que minhas circunstâncias dizem. Eu me recuso a acreditar no que as pessoas dizem que eu permaneço em sua palavra e, portanto, confesso que sou o que você diz que eu sou. E eu sou quem você diz que eu sou.

Manterei meu templo sagrado, pelo poder do Espírito Santo. Todas as coisas impuras ficarão fora deste templo. Vou vigiar seus portões e garantir que nada que contamine entre nele, em Nome de Jesus, amém.

#28

Você foi ungido e selado por Deus
(2 Coríntios 1:21-22), (Efésios 1:13)

"Agora é Deus quem faz com que nós e vocês permaneçamos firmes em Cristo. Ele nos ungiu, colocou seu selo de propriedade sobre nós e colocou seu Espírito em nossos corações como um depósito, garantindo o que está por vir".

"E também fostes incluídos em Cristo quando ouvistes a palavra da verdade, o evangelho da vossa salvação. Tendo crido, vocês foram marcados nele com um selo, o Espírito Santo prometido"

No momento em que você acreditou, Deus o ungiu e colocou Seu selo de propriedade sobre você. Isso faz com que qualquer reivindicação do diabo sobre sua vida seja falsa. O selo de Deus sobre sua vida diz ao diabo que você é uma zona proibida para ele e seus companheiros. Na verdade, é o selo do Pai que faz os anjos te reconhecerem. Isso o diferencia mesmo quando você está no meio de uma multidão de pecadores no lugar mais movimentado do planeta. O fato de você ter o selo de Deus deve torná-lo ousado e confiante em qualquer circunstância em que se encontre. Os satanistas reconhecem esse selo e se afastam. Eles podem querer deixá-lo com medo se você não souber que o selo de Deus está sobre você. Mas porque agora você sabe sobre o selo, você pode zombar de sua raiva!

Além disso, você foi ungido para fornecer soluções para os dilemas da vida onde quer que esteja. Levante-se todos os dias e declare: "O Espírito do Senhor está sobre mim, porque ele me ungiu para pregar o evangelho aos pobres; enviou-me para curar os quebrantados de coração, para pregar libertação aos cativos, e restauração da vista aos cegos, para pôr em liberdade os oprimidos" (Lucas 4:18).

Você foi ungido para façanhas. Você foi ungido para cura, libertação e avanço. Veja a si mesmo como uma solução divina para problemas comuns que afligem a humanidade.

Proclame o que você é

Pai, agradeço-te pelo que dizes a meu respeito. Eu creio na Tua palavra de todo o meu coração e de toda a minha alma. Eu me recuso a acreditar no que minhas circunstâncias dizem. Eu me recuso a acreditar no que as pessoas dizem que eu permaneço em sua palavra e, portanto, confesso que sou o que você diz que eu sou. E eu sou quem você diz que eu sou.

Obrigado por me ungir e por me selar como seu. Eu rejeito todas as reivindicações do diabo sobre mim ou meus assuntos. Pela unção sobre mim eu quebro todo jugo do maligno sobre minha vida ou propriedade, em Nome de Jesus, amém.

#29

Cristo morreu por você para que você viva para Ele
(2 Coríntios 5:15)

"E ele morreu por todos, para que os que vivem não vivam mais para si mesmos, mas para aquele que por eles morreu e ressuscitou."

A verdadeira satisfação e realização só podem chegar até você, sua vida só pode ter sentido, quando você para de viver para si mesmo e começa a viver para o outro. Esse outro é Aquele que morreu para libertá-lo do domínio do pecado e do diabo. Sua vida só encontra propósito e direção quando você a dedica ao serviço do Rei. Tudo o mais pode trazer apenas uma falsa satisfação de curto prazo. A partir de hoje decida que você viverá toda a sua vida para Deus, por Cristo Jesus. Essa é a única maneira de você encontrar satisfação. Lembre-se: "E tudo quanto fizerdes, fazei-o de todo o coração, como para o Senhor e não para os homens" (Colossenses 3:23).

Proclame o que você é

Pai, agradeço-te pelo que dizes a meu respeito. Eu creio na Tua palavra de todo o meu coração e de toda a minha alma. Eu me recuso a acreditar no que minhas circunstâncias dizem. Eu me recuso a acreditar no que as pessoas dizem que eu permaneço em sua palavra e, portanto, confesso que sou o que você diz que eu sou. E eu sou quem você diz que eu sou.

Senhor, recuso-me a viver para mim mesmo daqui em diante. Eu denuncio e renuncio a todas as minhas buscas egocêntricas e decido viver para você, nas escolhas que faço e nas coisas pelas quais me dedico, em nome de Jesus, amém.

#30

Você é uma nova criatura em Cristo
(2 Coríntios 5:17)

"Portanto, se alguém está em Cristo, nova criatura é; o velho se foi, o novo chegou!"

Você foi feito novo pelo novo nascimento. As coisas velhas já passaram e Deus lhe deu um novo coração, um novo espírito, um novo propósito, uma nova família. Agora você tem um novo Mestre, um novo Pai e um novo lar. Você é de fato uma nova criação em Cristo Jesus. Com relação a você, Deus fez novas todas as coisas, até mesmo o seu registro no céu é um novo registro. Seu futuro é novo, pois antes do novo nascimento você tinha outro futuro sombrio e incerto. Mas por causa do novo nascimento você tem um novo futuro brilhante em Cristo. Não permita que nenhum homem o julgue de acordo com o seu passado. Cada vez que o diabo te acusar de seu passado, diga a ele que ele está enganado, o velho está morto, você é uma nova criatura de Deus. Você foi refeito e remodelado de acordo com o divino.

Proclame o que você é

Pai, agradeço-te pelo que dizes a meu respeito. Eu creio na Tua palavra de todo o meu coração e de toda a minha alma. Eu me recuso a acreditar no que minhas circunstâncias dizem. Eu me recuso a acreditar no que as pessoas dizem que eu permaneço em sua palavra e, portanto, confesso que sou o que você diz que eu sou. E eu sou quem você diz que eu sou.

Sou uma nova criatura em Cristo, separada do meu passado, vivendo uma nova vida em Cristo, destinada a um futuro brilhante, em Nome de Jesus, amém.

#31

Você é o embaixador de Cristo
(2Corinthians 5:20)

"Somos, portanto, embaixadores de Cristo, como se Deus exortasse por nosso intermédio. Nós imploramos a você em nome de Cristo: reconcilie-se com Deus".

Onde quer que você esteja neste planeta, você é um embaixador do Reino. Você é um representante legal e autorizado do Rei neste planeta sombrio. Você tem permissão para emitir quantos vistos de residente permanente achar necessário. Como você é um embaixador, é responsabilidade do seu país cuidar de todas as suas necessidades. Então, a partir de hoje, saiba que todos os recursos do céu estão à sua disposição. Como embaixador, você tem guardas especiais cuidando de você. Isso coloca a responsabilidade de conhecer a posição de sua terra natal em todas as questões, para que você só possa fazer as coisas e concordar de acordo com os princípios de sua terra natal. Todos os princípios da pátria são revelados no Livro. E você tem os códigos secretos para decodificar o que está lá e interpretá-lo de acordo. Você não é qualquer tipo de pessoa. Então, a partir de hoje comece a viver como um diplomata, fale como um diplomata e se comporte como um.

Proclame o que você é

Pai, agradeço-te pelo que dizes a meu respeito. Eu creio na Tua palavra de todo o meu coração e de toda a minha alma. Eu me recuso a acreditar no que minhas

circunstâncias dizem. Eu me recuso a acreditar no que as pessoas dizem que eu permaneço em sua palavra e, portanto, confesso que sou o que você diz que eu sou. E eu sou quem você diz que eu sou.

Obrigado, Senhor, por tudo que puseste à minha disposição como embaixador do Reino. Obrigado pela imunidade de cima, obrigado pelos anjos comissionados para me guardar e proteger. Cumprirei meus deveres como embaixador. Vou buscar os interesses do Reino e não meus interesses pessoais, em Nome de Jesus, amém.

#32

Tu és abençoado
(Gálatas 3:9, 14)

"Assim, os que têm fé são abençoados com Abraão, o homem de fé... Ele nos resgatou para que a bênção dada a Abraão chegasse aos gentios por meio de Cristo Jesus, para que pela fé recebêssemos a promessa do Espírito."

O propósito pelo qual Cristo redimiu você é que você herde a bênção. Para que o que foi dado a Abraão chegue a você em sua plenitude. Porque você tem fé, você foi abençoado junto com Abraão. Pare de viver da bênção que Deus lhe deu. Aproprie-se e entre em tudo o que o Pai decretou sobre você. O que te priva da vida abençoada é a ignorância do fato de que você já é abundantemente abençoado. Você é abençoado e altamente favorecido.

Está escrito que, "Bendito seja o Deus e Pai de nosso Senhor Jesus Cristo, que nos abençoou com todas as bênçãos espirituais nas regiões celestiais em Cristo" (Efésios 1:3). Eu gostaria que você dissesse para si mesmo até estar convencido de que já é abundantemente abençoado. Assim que você se convencer no espírito, a bênção começará a fluir para você. É a incredulidade que bloqueia seu fluxo. Fé e consciência são o que traduzem as bênçãos do espiritual para o natural. Porque você é abençoado, você não pode ser amaldiçoado. Você não é apenas abençoado, você foi feito uma bênção. Parta todos os dias com a consciência de que você é uma bênção para todos e para tudo que encontrar.

Proclame o que você é

Pai, agradeço-te pelo que dizes a meu respeito. Eu creio na Tua palavra de todo o meu coração e de toda a minha alma. Eu me recuso a acreditar no que minhas circunstâncias dizem. Eu me recuso a acreditar no que as pessoas dizem que eu permaneço em sua palavra e, portanto, confesso que sou o que você diz que eu sou. E eu sou quem você diz que eu sou.

Senhor, sou candidato às bênçãos que deste a Abraão, pela fé entro em cada uma delas. Eu me recuso a viver na falta. Eu recebo a plenitude de sua bênção em todos os domínios da minha vida. Sou abençoado e sou uma bênção, em Nome de Jesus, amém.

#33

Você é a semente de Abraão
(Gálatas 3:29)

"Se sois de Cristo, então sois descendência de Abraão e herdeiros conforme a promessa."

Porque você pertence a Cristo Jesus, você é considerado a semente de Abraão. E porque você é considerado a semente de Abraão, você é um herdeiro de tudo o que foi oferecido a Abraão por Deus. Você é um herdeiro de sua fé, então comece a exercer fé e viva pela fé. Você é um herdeiro de sua obediência, então comece a exercer obediência em tudo o que o Pai requer de você. Você é um herdeiro daquele relacionamento especial que ele desfrutou com Deus, então você também pode estar perto de Deus de uma maneira especial. Você é um herdeiro de sua bênção e, portanto, vive uma vida abençoada.

Proclame o que você é

Pai, agradeço-te pelo que dizes a meu respeito. Eu creio na Tua palavra de todo o meu coração e de toda a minha alma. Eu me recuso a acreditar no que minhas circunstâncias dizem. Eu me recuso a acreditar no que as pessoas dizem que eu permaneço em sua palavra e, portanto, confesso que sou o que você diz que eu sou. E eu sou quem você diz que eu sou.

Eu sou uma semente de Abraão e, portanto, um herdeiro de todas as promessas feitas a ele. herdarei a minha possessão; Recuso-me a aceitar menos, decido avançar para a plenitude da minha herança, em Nome de Jesus, amém.

#34

Você tem todas as bênçãos espirituais de que precisa
(Efésios 1:3)

"Louvado seja o Deus e Pai de nosso Senhor Jesus Cristo, que nos abençoou nas regiões celestiais com todas as bênçãos espirituais em Cristo."

Deus o abençoou espiritualmente com todas as bênçãos espirituais que você precisa para a vida. Pare de orar por bênção e comece a desfrutar da bênção. Tudo o que você precisa para o seu bem-estar espiritual foi disponibilizado para você. Você pode subir a qualquer altura que quiser espiritualmente, porque Deus assim o projetou. A partir de hoje você deixará de viver na pobreza espiritual e na falta, em Nome de Jesus. Ser um anão espiritual chegou ao fim para você hoje. Por causa desse conhecimento, você se elevará a alturas que nunca experimentou antes. A fé é o trilho no qual as coisas se movem do reino espiritual para o físico. A expectativa é o que conecta você a esse reino. Permita que suas expectativas cresçam e sua fé cresça e seja forte. Dessa forma, as coisas reservadas para você no reino celestial fluirão para você.

Proclame o que você é

Pai, agradeço-te pelo que dizes a meu respeito. Eu creio na Tua palavra de todo o meu coração e de toda a minha alma. Eu me recuso a acreditar no que minhas circunstâncias dizem. Eu me recuso a acreditar no que as pessoas dizem que eu permaneço em sua palavra e, portanto, confesso que sou o que você diz que eu sou. E eu sou quem você diz que eu sou.

Senhor, permitirei que as expectativas cresçam dentro de mim, expectativas de grandes coisas e expectativas de coisas sobrenaturais. Encha-me com fé do alto, assim como eu respondo à sua palavra que ouço, em Nome de Jesus, amém.

#35

Você está sentado com Cristo nos lugares celestiais
(Efésios 2:6)

"E Deus nos ressuscitou com Cristo e com ele nos fez assentar nas regiões celestiais em Cristo Jesus"

Você sabe onde Cristo está sentado? A Bíblia diz que Ele está sentado à direita de Deus Pai, muito acima de todo governo, poder e domínio, e de todo título que se pode dar (Ef 1:21). Portanto, se você está sentado com Cristo, tudo o que há com respeito à posição sentada de Cristo também é verdade com relação à sua posição sentada. Isso é muito humilhante, mas é verdade de qualquer maneira. Você não pode mais permitir que o diabo o ameace com suas mentiras. Você foi colocado muito acima dele e de todos os seus companheiros. Então, da próxima vez que ele quiser que você desça de sua posição e o encontre onde ele está no lugar de compromisso, diga a ele que você não pode descer ao nível dele. Você está sentado com Cristo no lugar de poder e autoridade. Mantenha seu lugar e viva a vida dos lugares celestiais.

Proclame o que você é

Pai, agradeço-te pelo que dizes a meu respeito. Eu creio na Tua palavra de todo o meu coração e de toda a minha alma. Eu me recuso a acreditar no que minhas circunstâncias dizem. Eu me recuso a acreditar no que as pessoas dizem que eu permaneço em sua palavra e, portanto, confesso que sou o que você diz que eu sou. E eu sou quem você diz que eu sou.

A partir de hoje, Senhor, viverei e operarei a partir da posição de autoridade em que você me colocou. obrigado por colocar o inimigo e seus companheiros sob meus pés, em nome de Jesus, amém.

#36

Você é um cidadão do céu
(Efésios 2:19) (Filipenses 3:20)

"Portanto, vocês não são mais estrangeiros e peregrinos, mas concidadãos do povo de Deus e membros da família de Deus"

"Mas nossa cidadania está no céu. E dali esperamos ansiosamente o Salvador, o Senhor Jesus Cristo"

Porque seu Pai é o Rei do céu, e você nasceu do alto, isso faz de você um cidadão do céu. E porque você é um cidadão do céu, você vive sua vida com base nas regras e leis do país de sua cidadania. Você tem direito legal a tudo que o céu oferece a seus cidadãos. Porque o céu é soberano, sua cidadania também é soberana. Você não pode ser deportado por qualquer motivo porque o céu é sua pátria.

Não importa o que você faça, você só pode ser disciplinado pelo seu país de origem. O governo dos Estados Unidos pode deportar seu próprio cidadão? Se sim para onde? O céu não exila seus cidadãos. Portanto, viva de acordo com as regras e desfrute da liberdade de sua cidadania celestial. Como um cidadão do céu, você pode ir além das fronteiras nacionais e influenciar situações porque o Reino está presente em todas as nações ou planetas, conhecidos e desconhecidos.

Proclame o que você é

Pai, agradeço-te pelo que dizes a meu respeito. Eu creio na Tua palavra de todo o meu coração e de toda a minha alma. Eu me recuso a acreditar no que minhas circunstâncias dizem. Eu me recuso a acreditar no que as pessoas dizem que eu permaneço em sua palavra e, portanto, confesso que sou o que você diz que eu sou. E eu sou quem você diz que eu sou.

Abra meus olhos, Senhor, para todos os meus direitos e privilégios como cidadão do céu e ajude-me a explorar todos os recursos que o céu colocou à minha disposição como cidadão, em Nome de Jesus, amém.

#37

Deus que começou Sua obra em você vai completar la
(Filipenses 1:6) (1 Tessalonicenses 2:13)

"Tendo por certo isto mesmo, que aquele que começou boa obra em vós há de completá-la até ao dia de Cristo Jesus."

"E também continuamente agradecemos a Deus porque, quando recebestes a palavra de Deus, que de nós ouvistes, não a aceitastes como palavra de homens, mas como realmente é, a palavra de Deus, que opera em vós. que acreditam."

Deus nunca está envolvido em projetos inacabados. Você é um projeto divino, e o que Deus começou em você e através de você será concluído em Seu próprio tempo. Ele é muito fiel para deixá-lo incompleto. Antes de iniciar o projeto, Ele calculou o custo e viu que tinha tudo para completar Sua obra em você. Ele ainda não perdeu e nunca perderá a paciência no que diz respeito a você. Você é um edifício em construção; seu arquiteto ainda não acabou com você. Quando alguém apontar para sua fraqueza na próxima vez, diga-lhe que Deus ainda não terminou com você. Quando ele terminar com você, outros ficarão maravilhados com o que Ele fez de você. Deus que começou a obra de santificação, libertação, salvação, cura e bênção a levará até a conclusão. Você ainda não alcançou a altura que Deus ordenou para você. Ele ainda está no processo de levantá-lo e levá-lo ao lugar que Ele ordenou para você. Viva diariamente na consciência de que Deus, que começou a boa obra em você, ainda está em você, fazendo o que só ele pode fazer.

Proclame o que você é

Pai, agradeço-te pelo que dizes a meu respeito. Eu creio na Tua palavra de todo o meu coração e de toda a minha alma. Eu me recuso a acreditar no que minhas circunstâncias dizem. Eu me recuso a acreditar no que as pessoas dizem que eu permaneço em sua palavra e, portanto, confesso que sou o que você diz que eu sou. E eu sou quem você diz que eu sou.

Obrigado porque nunca abandonarás um projeto teu. Obrigado porque você ainda está trabalhando em mim. Eu me rendo ao seu trabalho. Molde-me, molde-me, poda-me e arquive-me conforme você vê a necessidade, Senhor, e deixe-me tornar o vaso adequado para o seu uso contínuo, em Nome de Jesus, amém.

#38

Você foi qualificado para participar da herança dos santos
(Colossenses 1:12)

"Dando graças ao Pai, que vos habilitou para participar da herança dos santos no reino da luz."

Muitas pessoas procuram pessoas qualificadas para ocupar determinados cargos. Mas Deus qualificou aqueles a quem chamou para herdar o que reservou para os santos. É Deus quem qualificou você e não suas obras. Se você quer ser honesto consigo mesmo, as muitas pessoas ao seu redor que ainda não são salvas podem estar vivendo vidas muito melhores moralmente falando do que você quando era um incrédulo. Em termos humanos, eles poderiam ser mais qualificados para a salvação e bênção do que você. Mas Deus escolheu qualificar você. Quando você se sentir inadequado, lembre-se de que foi o próprio Deus quem o qualificou para Suas bênçãos.

Ninguém pode desqualificá-lo com base em sua fraqueza. Quando Deus estava qualificando você, Ele viu essas fraquezas de qualquer maneira, mas decidiu lançar Sua força sobre elas de forma que Ele mesmo não notasse. Quando o diabo ou qualquer um de seus agentes humanos ou espirituais o acusarem de não ser qualificado, diga-lhes que sua qualificação vem de Deus. Além disso, você deve parar de tentar se qualificar, render-se a Deus e, por Sua liderança, Ele o qualificará para o que Ele tem reservado para você.

Proclame o que você é

Pai, agradeço-te pelo que dizes a meu respeito. Eu creio na Tua palavra de todo o meu coração e de toda a minha alma. Eu me recuso a acreditar no que minhas circunstâncias dizem. Eu me recuso a acreditar no que as pessoas dizem que eu permaneço em sua palavra e, portanto, confesso que sou o que você diz que eu sou. E eu sou quem você diz que eu sou.

Pai, eu me rendo à Sua liderança. Eu paro de tentar me qualificar. Minha qualificação está em você e sei que você me qualificou para herdar as bênçãos que você tem para os santos, em nome de Jesus, amém.

#39

Deus trouxe você para o Reino de Cristo
(Colossenses 1:13)

"Porque ele nos resgatou do domínio das trevas e nos trouxe para o reino do Filho que ele ama"

No físico, quando um homem busca segurança sob a jurisdição de outro governante, não importa o que ele tenha feito, seu antigo governante precisa da permissão do atual governante antes que ele possa ser tocado de alguma forma, especialmente se ele pediu asilo. Nós também buscamos asilo no Reino de Cristo. Estamos sob Sua jurisdição. Estamos agora no domínio do maior Rei. Assim, satanás, nosso antigo mestre, não tem mais poder sobre nós. Recebemos asilo para que ele não possa apresentar suas acusações ao tribunal de nosso rei.

Quaisquer que sejam essas acusações, elas serão descartadas do tribunal porque nosso acusador não tem o direito de comparecer ao tribunal de nossa terra. Ele não tem o direito de exercer seu domínio sobre nós. Todas as reivindicações dele são ilegais porque estamos no Reino de Outro e recebemos a cidadania. Você está livre do domínio das trevas e agora está sob o domínio da Luz. A versão King James diz que fomos trazidos para o reino de Sua maravilhosa luz. A luz penetra na escuridão e a escuridão nunca pode penetrar na luz. Veja a si mesmo como intocável por satanás. Decrete e proclame sua imunidade de seu governo e influência.

Proclame o que você é

Pai, agradeço-te pelo que dizes a meu respeito. Eu creio na Tua palavra de todo o meu coração e de toda a minha alma. Eu me recuso a acreditar no que minhas circunstâncias dizem. Eu me recuso a acreditar no q ue as pessoas dizem que eu permaneço em sua palavra e, portanto, confesso que sou o que você diz que eu sou. E eu sou quem você diz que eu sou.

Obrigado por me colocar em uma nova jurisdição onde o inimigo não tem direito nem acesso. Viverei diariamente consciente de minha imunidade do castigo de meu antigo mestre porque Cristo Jesus se tornou meu novo Mestre e Rei, em Nome de Jesus, amém.

#40

Você é santo e muito amado
(Colossenses 3:12)

"Portanto, como povo escolhido de Deus, santo e amado, revistam-se de compaixão, bondade, humildade, mansidão e paciência."

Você acredita que é muito amado?

Agora você acredita que é santo? Eu posso ver você hesitando em responder. O mesmo versículo que diz que você é muito amado é o mesmo versículo que diz que você é santo. Na verdade, o aspecto de santidade vem antes do aspecto amado. Então, você deve acreditar em ambos. Deus diz que você é santo e muito amado. Da próxima vez que você não se sentir amado, proclame alto e claro para os ouvidos do inferno que você é muito amado. Da próxima vez que alguém o acusar de algo do qual você se arrependeu, grite que você é santo.

É hora de os crentes confessarem e declararem o que Deus já declarou sobre eles. Deus diz que você é santo e muito amado, e é isso que Ele fez de você. Ele nunca dirá algo sobre você que já não tenha feito em seu nome. Se eu fosse você, gritaria "Eu sou santo e muito amado". O escritor de Hebreus diz novamente: "portanto, santos irmãos..." (Hb 3:1). Você é um irmão ou irmã sagrado. É assim que a palavra se dirige a você.

Proclame o que você é

Pai, agradeço-te pelo que dizes a meu respeito. Eu creio na Tua palavra de todo o meu coração e de toda a minha alma. Eu me recuso a acreditar no que minhas

circunstâncias dizem. Eu me recuso a acreditar no que as pessoas dizem que eu permaneço em sua palavra e, portanto, confesso que sou o que você diz que eu sou. E eu sou quem você diz que eu sou.

Senhor, obrigado por me tornar santo, prometo seguir sua orientação para permanecer santo. Eu me recuso a deixar o pecado ter domínio sobre mim. Eu irei, pelo poder do Espírito Santo, manter meu estado de santidade, em Nome de Jesus, amém.

#41

Deus te fortalecerá e te protegerá
(2 Tessalonicenses 3:3)

"Mas o Senhor é fiel, e ele os fortalecerá e os protegerá do maligno."

Isso significa que há força disponível para você cada vez que se sentir fraco. O Senhor disse que vai fortalecê-lo e protegê-lo. Isso significa que há momentos em que você não terá força e estará em perigo. Então, da próxima vez que você se sentir fraco, não é estranho, apenas aproveite a promessa de força e seja fortalecido. Da próxima vez que você se sentir ameaçado por qualquer coisa, relaxe na proteção prometida por Deus. Existe uma reserva infinita de força para você cada vez que se sentir deficiente e ameaçado. Existe alguma área de sua vida que você precisa de força divina? Então receba a força em nome de Jesus e opere com a força do alto. O céu está cuidando de você para proteção. Viva diariamente com a consciência da proteção divina.

Proclame o que você é

Pai, agradeço-te pelo que dizes a meu respeito. Eu creio na Tua palavra de todo o meu coração e de toda a minha alma. Eu me recuso a acreditar no que minhas circunstâncias dizem. Eu me recuso a acreditar no que as pessoas dizem que eu permaneço em sua palavra e, portanto, confesso que sou o que você diz que eu sou. E eu sou quem você diz que eu sou.

Não dependerei de minha própria força para nada, mas aproveitarei a plenitude de sua força e confiarei diariamente em sua proteção divina sobre tudo o que me diz respeito, em Nome de Jesus, amém.

#42

Você tem o Espírito de poder, amor e ousadia
(2 Timóteo 1:7, KJV)

"Porque Deus não nos deu o espírito de medo; mas de poder, e de amor, e de uma mente sã"

Você tem o Espírito de poder em você. Você deve parar de viver como um fraco porque você não é um fraco. Medo e covardia não devem fazer parte de você porque você recebeu o Espírito de ousadia. A Bíblia diz que o justo é ousado como um leão (Pv 28:1). Você sabia que seu Pai é o Leão da tribo de Judá? Então, se você é filho Dele, você também tem os genes do Leão em você. Um leão nunca tem medo, mesmo quando está sozinho entre outros animais. É hora de você desenvolver o leão dentro de você. Não o deixe adormecido e acorrentado por mais tempo. Solte esse leão em você e deixe-o lidar com as raposas comendo sua vida. Deixe de lado a timidez e esteja no controle, pois você foi dotado com o Espírito de ousadia.

Levante-se diariamente e proclame que você tem uma mente sã. A confusão não deve fazer parte de você. Sempre que você se sentir confuso, repreenda-o rapidamente e declare que você tem uma mente sã e se conecta à mente de Cristo. Pois está escrito que temos a mente de Cristo.

Proclame o que você é

Pai, agradeço-te pelo que dizes a meu respeito. Eu creio na Tua palavra de todo o meu coração e de toda a minha alma. Eu me recuso a acreditar no que minhas circunstâncias dizem. Eu me recuso a acreditar no que as pessoas dizem que eu permaneço em sua palavra e, portanto, confesso que sou o que você diz que eu sou. E eu sou quem você diz que eu sou.

Rejeito todas as formas de medo e dúvida. Recuso-me a abrigar qualquer tipo de confusão porque tenho uma mente sã. Vou andar em amor porque tenho o espírito de amor dentro de mim, em Nome de Jesus, amém.

#43

Você é um sacerdote real
(1 Pedro 2:9)

"Mas vós sois povo eleito, sacerdócio real, nação santa, povo dedicado a Deus, para anunciardes as grandezas daquele que vos chamou das trevas para a sua maravilhosa luz".

Você não é apenas um sacerdote, mas um sacerdote real; aquele que vem de uma família real e serve ao Rei do universo. Você pode perdoar pecados e chamar as pessoas para prestar contas. Você tem o direito de interceder pelos outros e Deus o ouvirá.

Assim como os sacerdotes estavam vestidos com dignidade no físico, vocês também estão vestidos com dignidade no espiritual. Você pode entrar no santo dos santos. Você foi vestido com a realeza para servir à realeza. A partir de hoje você não pode usar nada seu para servir ao diabo. Tudo o que você tem deve ser colocado a serviço da realeza. Os anjos olham para você no espiritual e se maravilham com o que Deus fez de você.

Os demônios olham para você e choram pelo que foram despojados por causa de sua rebelião. É por isso que eles são tão loucos e depravados. Você vê, ultimamente, tenho ponderado por que Deus não destruiu satanás de uma vez, então percebi que o maior castigo que Deus deu a satanás é deixá-lo existente. Cada dia que passa o deixa mais depravado e atormentado em sua alma porque ele está fora daquele lugar de glória. O inferno foi feito para ele justamente por causa da humanidade, para que um dia ele deixe de enganar os filhos dos homens.

Proclame o que você é

Pai, agradeço-te pelo que dizes a meu respeito. Eu creio na Tua palavra de todo o meu coração e de toda a minha alma. Eu me recuso a acreditar no que minhas

circunstâncias dizem. Eu me recuso a acreditar no que as pessoas dizem que eu permaneço em sua palavra e, portanto, confesso que sou o que você diz que eu sou. E eu sou quem você diz que eu sou.

Obrigado por me fazer realeza para servir a realeza. Cumprirei meus deveres sacerdotais de intercessão e reconciliação. Abençoarei seu povo com minhas palavras e ações e servirei a Ti com tudo o que sou e tenho, pois Tu és a fonte de todas as coisas, em Nome de Jesus, amém.

#44

Você tem tudo o que precisa para a vida e a piedade
(2 Pedro 1:3)

"Seu divino poder nos deu tudo o que precisamos para a vida e a piedade, por meio do conhecimento daquele que nos chamou para sua própria glória e bondade."

O poder de Deus que está em você lhe deu tudo o que você precisa para sua vida natural e sua vida espiritual. A menos que você saiba disso, você não pode viver de acordo com isso. Não há nada que Deus não tenha colocado à sua disposição para que sua vida seja eficaz e produtiva. São bênçãos que você precisa, elas foram fornecidas a você. É poder, foi dado a você. É boa saúde, foi dado a você. É autoridade, foi dada a você.

Tudo foi disponibilizado para você. E por meio de Suas preciosas promessas, você pode obter tudo o que precisa. É quando você se apropria das promessas pela fé que chega à conclusão de que tudo foi realmente disponibilizado para você. A maneira de você ter acesso a tudo o que lhe foi disponibilizado é por meio do seu conhecimento de Deus e de Seu Cristo. Seu conhecimento Dele é a chave para tudo o que você precisa. É por isso que você deve explorar todos os caminhos que puder, conforme revelados na Palavra, para conhecer a Deus. A qualidade de sua vida é uma função de seu conhecimento dAquele que o chamou por Sua própria glória e bondade.

Proclame o que você é

Pai, agradeço-te pelo que dizes a meu respeito. Eu creio na Tua palavra de todo o meu coração e de toda a minha alma. Eu me recuso a acreditar no que minhas circunstâncias dizem. Eu me recuso a acreditar no que as pessoas dizem que eu permaneço em sua palavra e, portanto, confesso que sou o que você diz que eu sou. E eu sou quem você diz que eu sou.

Entrego-me a buscar-te e a encontrar-te e a conhecer-te. Ajude-me a explorar todos os caminhos disponíveis para conhecê-lo melhor, em nome de Jesus, amém

#45

Você venceu o maligno
(1 João 2:13b)

"Eu vos escrevo, jovens, porque vencestes o maligno".

O maligno não foi vencido apenas por você; a Bíblia diz que você venceu o maligno. Como isso aconteceu? Quando Cristo foi para a cruz, você estava dentro Dele, quando Ele morreu, você também morreu. Quando Ele foi sepultado, você foi sepultado com Ele e quando Ele ressuscitou vitoriosamente, você ressuscitou com Ele. É a ressurreição que lhe deu a vitória sobre o maligno. Observe que esta vitória já está conquistada. Portanto, o diabo é um inimigo derrotado sobre o qual você recebeu autoridade.

Quando Jesus o nocauteou na cruz, você estava em Cristo nocauteando o diabo. Esta não é uma declaração condicional, mas uma façanha consumada.

Proclame o que você é

Pai, agradeço-te pelo que dizes a meu respeito. Eu creio na Tua palavra de todo o meu coração e de toda a minha alma. Eu me recuso a acreditar no que minhas circunstâncias dizem. Eu me recuso a acreditar no que as pessoas dizem que eu permaneço em sua palavra e, portanto, confesso que sou o que você diz que eu sou. E eu sou quem você diz que eu sou.

Agradeço-te pela minha vitória sobre o maligno. Viverei diariamente com o conhecimento do fato de que venci o maligno, em Nome de Jesus, amém.

#46

Você é um filho de Deus
(1 João 3:1)

"Quão grande é o amor que o Pai nos concedeu, a ponto de sermos chamados filhos de Deus! E isto é o que nós somos! A razão pela qual o mundo não nos conhece é que não o conheceu".

Tem uma musiquinha que eu gosto muito: ela diz "Sou um filho de Deus, aleluia; Eu nasci de Deus, aleluia". É uma verdade simples que, quando revelada a você, mudará sua perspectiva de vida. Se você é um filho de Deus, isso significa que Deus está pronto para cuidar de todas as suas necessidades. Significa que Ele conhece você pelo nome e o chama pelo nome. Significa que Ele busca o seu bem e trabalha para o seu bem em tudo. Significa que Ele busca o seu interesse em todas as coisas grandes ou pequenas. Ele é o melhor pai que você pode imaginar. Aquele que te ajuda em tudo que você faz. Isso significa que Ele sabe tudo o que está acontecendo com você porque Ele é onisciente. Ele vai te ensinar tudo o que você precisa saber sobre Ele e sobre a vida como qualquer bom pai faria. Você é um filho de Deus se entregou sua vida a Jesus. Nada pode mudar ou contestar o fato. Nem mesmo suas falhas e fraquezas. Esta é uma evidência da demonstração do amor divino, que uma vez perdido e destinado à destruição eterna foi resgatado e feito filho do Rei do universo. Ele diz: "Ouvi-me, ó casa de Jacó, e todo o restante da casa de Israel, que por mim nasceu desde o ventre, que é levado desde o ventre: E até a vossa velhice eu sou ele; e até às grisalhas te carregarei; eu o fiz e o suportarei; eu mesmo vos levarei e vos livrarei" (Isaías 46:3-4). Ele o carregou desde que você nasceu e o carregará até a velhice.

Proclame o que você é

Pai, agradeço-te pelo que dizes a meu respeito. Eu creio na Tua palavra de todo o meu coração e de toda a minha alma. Eu me recuso a acreditar no que minhas circunstâncias dizem. Eu me recuso a acreditar no que as pessoas dizem que eu permaneço em sua palavra e, portanto, confesso que sou o que você diz que eu sou. E eu sou quem você diz que eu sou.

Tenho certeza de que você me fez seu filho. Desfrutarei de todos os privilégios e viverei como um filho do Altíssimo, em Nome de Jesus, amém.

#47

Deus é capaz de impedir que você caia
(Judas:24) (Salmo 55:22)

"Aquele que é poderoso para evitar que você caia e para apresentá-lo diante de sua gloriosa presença sem culpa e com grande alegria"

"Entregue suas preocupações ao Senhor e ele o sustentará; ele nunca deixará o justo cair."

Você ainda se pergunta se conseguirá chegar ao fim? Ainda está em dúvida se vai cair ou não? Você deve entender que Deus é capaz de impedir que você caia e apresentá-lo sem defeito a Ele. É Deus quem te impede de cair. Portanto, não se distraia mais por causa do medo de cair. Concentre-se naquilo que Deus o chamou para fazer por Ele e deixe a questão de sua chegada segura à Destinyland nas mãos daquele que o comissionou.

A partir de hoje você não vai mais ouvir as mentiras do inimigo que ele vai te fazer cair e perder o céu. Ele não é quem te chamou ou te mantém, então ele não pode determinar se você vai cair ou não. Aquele que o chamou é Deus Todo-Poderoso e Ele disse para evitar que você caia. O salmista coloca isso de forma mais vívida. Lance todos esses cuidados e medo de cair sobre o Senhor porque Ele nunca deixará o justo cair. Você apenas tem que se apegar à sua justiça.

Proclame o que você é

Pai, agradeço-te pelo que dizes a meu respeito. Eu creio na Tua palavra de todo o meu coração e de toda a minha alma. Eu me recuso a acreditar no que minhas circunstâncias dizem. Eu me recuso a acreditar no que as pessoas dizem que eu

permaneço em sua palavra e, portanto, confesso que sou o que você diz que eu sou. E eu sou quem você diz que eu sou.

Rejeito o medo de cair e lanço todas as minhas preocupações sobre Ti, Senhor, sabendo que Tu me sustentarás nesta jornada para o meu destino, em Nome de Jesus.

#48

Deus te dá tudo para sua diversão
(1 Timóteo 6:17)

"Ordena aos ricos deste mundo que não sejam arrogantes nem ponham sua esperança na riqueza, que é tão incerta, mas que ponham sua esperança em Deus, que tudo nos dá ricamente para nosso desfrute."

Muitas pessoas são muito miseráveis como cristãos, embora tenham tudo de que precisam. A ideia deles é que Deus não quer que eles aproveitem a vida aqui na terra. Eles esperam o dia em que irão desfrutar a vida no céu. Quero que saiba que Deus está interessado em que você aproveite sua vida aqui na terra. Você não precisa parecer miserável para servir bem a Deus. A razão pela qual Ele está lhe dando todas as bênçãos é que você deve aproveitar sua vida. Ele provê ricamente tudo o que você precisa para que você possa desfrutar de sua vida Nele. A miséria não é o emblema da consagração como alguns fizeram parecer.

A partir de hoje você deixará de ser um cristão miserável em Nome de Jesus. Você começará a desfrutar de sua vida ao servir ao Senhor. Chega de miséria e tristeza desnecessária para você. Deus quer que você aproveite a vida. Não confunda aproveitar a vida com desfrutar de prazeres pecaminosos. Você pode aproveitar sua vida sem se comprometer com o pecado. Você pode obter prazer em tudo o que faz na vida. É assim que Deus quer que você viva.

Proclame o que você é

Pai, agradeço-te pelo que dizes a meu respeito. Eu creio na Tua palavra de todo o meu coração e de toda a minha alma. Eu me recuso a acreditar no que minhas circunstâncias dizem. Eu me recuso a acreditar no que as pessoas dizem que eu

permaneço em sua palavra e, portanto, confesso que sou o que você diz que eu sou. E eu sou quem você diz que eu sou.

A miséria não fará parte da minha vida, viverei com alegria e prazer, em Nome de Jesus, amém.

#49

Deus designou a sua porção
(Salmo 16:5-6)

"SENHOR, tu me deste a minha porção e o meu cálice; você tornou minha sorte segura. As linhas divisórias caíram para mim em lugares agradáveis; certamente tenho uma herança deliciosa.

Significa que Deus guardou para você sua porção em um lugar seguro. Aquilo que Deus preparou para você é seu e ele o tornou seguro. Não vai ficar ruim, mas você deve estender a mão e recebê-lo. Agora é só olhar a lista:

- Ele atribuiu a você sua porção

- Ele atribuiu a você o seu copo

- Ele tornou seu lote seguro

- As linhas de fronteira caíram para você em lugares agradáveis

- Certamente você tem uma herança deliciosa

Quando a palavra certamente é usada, significa que não há absolutamente nenhuma possibilidade de ser falso ou de falhar. Quando Deus lhe dá um cálice, Ele o faz transbordar. Quando Deus esculpiu seu território, Ele deixou de fora tudo o que não é agradável e incluiu todas as coisas agradáveis em sua porção. Isso deve fazer com que você se regozije e grite. Esta deve ser sua proclamação e declaração diariamente. Quando você se levantar pela manhã, agradeça ao Senhor pelas coisas agradáveis e deliciosas que acontecerão em seu caminho. Agradeça a Ele porque o que Ele ordenou para você virá até você porque sua sorte está garantida.

Proclame o que você é

Pai, agradeço-te pelo que dizes a meu respeito. Eu creio na Tua palavra de todo o meu coração e de toda a minha alma. Eu me recuso a acreditar no que minhas circunstâncias dizem. Eu me recuso a acreditar no que as pessoas dizem que eu permaneço em sua palavra e, portanto, confesso que sou o que você diz que eu sou. E eu sou quem você diz que eu sou.

Agradeço-te, Senhor, porque a minha herança é deliciosa, obrigado porque a minha é uma terra agradável. Portanto eu rejeito e me recuso a receber o que não é deleitoso e agradável, em Nome de Jesus, amém.

#50

Deus te guiará sempre
(Salmo 32:8)

"Instruir-te-ei e ensinar-te-ei o caminho que deves seguir; Eu o aconselharei e cuidarei de você".

Deus prometeu instruir (dirigir, liderar, guiar, mostrar) e ensinar você no caminho que você deve seguir. Em cada momento de decisão, o Senhor está pronto para lhe dizer a melhor escolha a fazer. Porque Ele é onisciente, você pode confiar em Seu conselho. Você deve viver diariamente, esperando que o Senhor o guie e conduza naquilo que ele ordenou para você. Eu gosto da maneira como a Bíblia Viva coloca esse versículo:

Você pode viver com toda a certeza de ser guiado pelo Senhor sempre e ainda mais nos momentos de fazer escolhas e decisões importantes que influenciarão muito sua vida e até mesmo a vida de outras pessoas. Por isso você deve buscá-lo para que possa sempre fazer a melhor escolha e receber o melhor da vida.

Proclame o que você é

Pai, agradeço-te pelo que dizes a meu respeito. Eu creio na Tua palavra de todo o meu coração e de toda a minha alma. Eu me recuso a acreditar no que minhas circunstâncias dizem. Eu me recuso a acreditar no que as pessoas dizem que eu permaneço em sua palavra e, portanto, confesso que sou o que você diz que eu sou. E eu sou quem você diz que eu sou.

Agradeço a disponibilidade de sua orientação e liderança. Eu me entrego à sua liderança e direção. Permita-me ser flexível e maleável em suas mãos enquanto confio diariamente em sua orientação, em Nome de Jesus, amém.

#51

Deus carrega cada dia com benefícios para você
(Salmo 68:19, KJV)

"Bendito seja o Senhor, que diariamente nos enche de benefícios, sim, o Deus da nossa salvação. Selá."

Ao se levantar todos os dias, levante-se com grande expectativa para receber todos os benefícios que Deus colocou em seu dia. Quando Deus prepara o seu dia antes que chegue, Ele o carrega com bênçãos para você. O triste é que muitas pessoas passam o dia, mas não conseguem usufruir desses benefícios porque muitas vezes passam por eles sem entrar neles. O que causa isso é a ignorância e a falta de expectativa.

Espere grandes coisas a cada dia porque Deus projetou seu dia para ser cheio de benefícios. Agora que você sabe que há benefícios para você a cada dia, não deixe nenhum dia passar sem que você desfrute desses benefícios. Os que você não consegue se perdem porque cada novo dia traz novos benefícios, diferentes dos do dia anterior.

Proclame o que você é

Pai, agradeço-te pelo que dizes a meu respeito. Eu creio na Tua palavra de todo o meu coração e de toda a minha alma. Eu me recuso a acreditar no que minhas circunstâncias dizem. Eu me recuso a acreditar no que as pessoas dizem que eu permaneço em sua palavra e, portanto, confesso que sou o que você diz que eu sou. E eu sou quem você diz que eu sou.

Obrigado pelos benefícios de ontem; aqueles que consegui e aqueles que não consegui. Obrigado pelos benefícios de hoje. Senhor, eu oro para que eu consiga cada um que você ordenou para mim. Eu me recuso a passar por eles. Confesso que receberei e entrarei em cada um deles, em Nome de Jesus, amém.

#52

Seus pecados passados foram separados longe de você
(Salmo 103:12)

"Quanto está longe o oriente do ocidente, tanto tem ele afastado de nós as nossas transgressões."

Você ainda medita sobre seus pecados passados? Existem pecados que parecem estar tão perto de você que você não pode viver um momento sem sentir sua proximidade? Eu quero deixar você que essa proximidade é apenas imaginária. Quando o Senhor perdoou seus pecados, Ele os separou de você tanto quanto o leste está do oeste. Agora, se você pode medir essa distância, então você sabe medir o quão longe esses pecados estão de você.

Quando o Senhor usa o leste e o oeste aqui, Ele está se referindo aos extremos leste e oeste do universo. Quão grande é essa distância. O homem ainda não descobriu onde fica o leste do universo, nem mediu onde começa o oeste. Portanto, de hoje em diante, saiba que seus pecados não estão perto de você. Quando qualquer pecado passado vier à sua mente, ordene ao demônio que o está fingindo que leve embora sua propriedade.

O leste não tem contato com o oeste. Você pode estimar o leste do universo a partir do oeste dele? Foi assim que Deus efetivamente separou seus pecados de você. Não apenas o seu passado desde então, mas também os pecados que você cometeu serão separados de você quando você se arrepender genuinamente deles. Em algum lugar no Livro, é dito sobre o seu Deus que: "Quem é um Deus semelhante a ti, que perdoa a iniqüidade e passa por cima da transgressão do remanescente de sua herança? ele não retém sua ira para sempre, porque se deleita na misericórdia. Ele voltará, terá compaixão de nós; ele subjugará nossas iniqüidades; e tu lançarás todos os seus pecados nas profundezas do mar" (Miquéias 7:18-19). Ele não apenas separa seus pecados de você, tanto quanto a comida está longe do oeste, mas também os lança no mar do esquecimento, onde ele não se lembra mais deles.

Proclame o que você é

Pai, agradeço-te pelo que dizes a meu respeito. Eu creio na Tua palavra de todo o meu coração e de toda a minha alma. Eu me recuso a acreditar no que minhas circunstâncias dizem. Eu me recuso a acreditar no que as pessoas dizem que eu permaneço em sua palavra e, portanto, confesso que sou o que você diz que eu sou. E eu sou quem você diz que eu sou.

Obrigado por me separar dos meus pecados, eu não os carrego mais e não os carregarei mais, em Nome de Jesus, amém.

#53

Deus vai te proteger de todo mal
(Salmos 121:7) (Provérbios 12:21)

"O SENHOR te guardará de todo mal; ele cuidará de sua vida;"

"Nenhum mal acontece ao justo, mas os ímpios estão cheios de problemas."

Não viva sua vida em constante tensão com a possibilidade de algum mal acontecer em seu caminho. Você sabe que Deus diz em Sua palavra que Ele não deixará seu pé escorregar. Ele diz que vai salvá-lo de todas as armadilhas e ciladas do inimigo. E a verdade é que o inimigo coloca diariamente milhares de armadilhas. Tenho certeza de que ele se maravilha diariamente com o fato de não cairmos em tais armadilhas. Nosso Pai celestial nos mantém seguros. Onde quer que haja perigo na luz do dia ou na escuridão da noite, Ele prometeu que ninguém nos tocará. O Senhor está cuidando de sua vida e o protegerá de todo tipo de mal.

Quando coisas aparentemente ruins estão acontecendo ao seu redor, você deve declarar que elas não são prejudiciais porque seu Pai prometeu que nenhum mal acontecerá aos justos. Ele diz: "mil cairão ao teu lado, e dez mil à tua direita; mas não chegará a ti" (Salmos 91:7). Viva com a consciência de que seu pai o tornou à prova de danos!

Proclame o que você é

Pai, agradeço-te pelo que dizes a meu respeito. Eu creio na Tua palavra de todo o meu coração e de toda a minha alma. Eu me recuso a acreditar no que minhas circunstâncias dizem. Eu me recuso a acreditar no que as pessoas dizem que eu

permaneço em sua palavra e, portanto, confesso que sou o que você diz que eu sou. E eu sou quem você diz que eu sou.

Pai, a partir de hoje me recuso a me preocupar com a possibilidade de que algum mal aconteça, viverei para seguir sua orientação e ter certeza de que nenhum mal jamais acontecerá, porque você assim decretou, em nome de Jesus, amém.

#54

Deus te conheceu antes de você nascer
(Salmo 139:15-16) (Jeremias 1:5)

"Minha estrutura não estava escondida de você quando fui feito no lugar secreto. Quando fui tecido nas travas da terra, seus olhos viram meu corpo informe. Todos os dias certos para mim foram escritos em seu livro antes que um deles existisse".

"Antes de formá-lo no ventre, eu o conheci, antes de você nascer, eu o separei; Eu o designei como um profeta para as nações".

Antes mesmo de você nascer, Deus o conheceu de antemão. Ele sabia como você seria aos 75 anos. Você não precisa se apresentar. Antes que o espermatozóide de seu pai entrasse em contato com o óvulo de sua mãe, Deus determinava qual espermatozóide iria fertilizar aquele óvulo. E nessa corrida ele favoreceu o espermatozoide que formaria você entre os milhões de outros espermatozoides. Ele garantiu que o processo de desenvolvimento ocorresse até você nascer.

Ele sabia o tipo de cabelo que você terá e ordenou para você o que você deve se tornar neste mundo. Sua presciência o levou a fazer os preparativos adequados para sua vida aqui na terra. Com esse conhecimento, a melhor coisa que você pode fazer por si mesmo é viver em total transparência diante de Deus. Você foi ordenado para a grandeza desde antes de seu nascimento. Deus não apenas conheceu você, mas Ele ordenou tudo a seu respeito. Cabe a você descobri-los e entrar em cada uma das grandes coisas que Deus tem reservado para você.

Proclame o que você é

Pai, agradeço-te pelo que dizes a meu respeito. Eu acredito na Tua palavra de todo o meu coração e de toda a minha alma. Eu me recuso a acreditar no que minhas circunstâncias dizem. Eu me recuso a acreditar no que as pessoas dizem que eu permaneço em sua palavra e, portanto, confesso que sou o que você diz que eu sou. E eu sou quem você diz que eu sou.

Estou feliz que você me conheceu e que conhece meu presente e meu futuro, minhas forças e fraquezas. Ajude-me a viver com total honestidade e transparência diante de você, em Nome de Jesus, amém.

#55

Você é obra especial de Deus
(Salmo 139:13-14)

"Pois você criou meu ser mais íntimo; tu me teceste no ventre de minha mãe. Eu te louvo porque fui feito de um modo assombroso e maravilhoso; suas obras são maravilhosas, eu sei disso muito bem."

O Pai tomou Seu tempo para te unir. Ele arrumou cada parte de você em seu devido lugar. E quando Ele fez isso, Ele reconheceu a maravilha do que Ele havia feito antes de decidir quando colocá-lo através do útero de sua mãe no planeta Terra para causar impacto. A maravilha e a complexidade que há em você continuam a confundir os cientistas que se dão ao trabalho de estudar os humanos. Veja, Deus é um mestre oleiro, quando Ele fez você, se você não fosse o que ele queria que você fosse, Ele o teria remodelado. Você não é um erro, você é a obra-prima de Deus.

Da próxima vez que você se sentir feio e inferior, lembre-se de que você é uma obra-prima de Deus. Na verdade, isso é o que você é e sempre será. Deus não vê erro em você. Você é uma obra perfeita de Deus. Olhe-se no espelho e grite que você foi feito de maneira maravilhosa. Diga a si mesmo que você é a obra-prima de Deus. Não deixe ninguém te enganar dizendo que você é feia. Diga a toda a criação que você é lindo, porque é isso que Deus diz sobre você. Recuse e rejeite as mentiras do inimigo através do que os homens disseram negativamente.

Proclame o que você é

Pai, agradeço-te pelo que dizes a meu respeito. Eu creio na Tua palavra de todo o meu coração e de toda a minha alma. Eu me recuso a acreditar no que minhas circunstâncias dizem. Eu me recuso a acreditar no que as pessoas dizem que eu permaneço em sua palavra e, portanto, confesso que sou o que você diz que eu sou. E eu sou quem você diz que eu sou.

Eu te agradeço, Senhor, porque sou obra de tuas mãos. Eu sou uma obra-prima sua criada para a beleza e para a glória, em nome de Jesus, amém.

#56

Os pensamentos de Deus sobre você são numerosos e preciosos
(Salmo 139:17-18)

"Quão preciosos para mim são os teus pensamentos, ó Deus! Quão vasta é a soma deles! Se eu os contasse, eles superariam os grãos de areia. Quando acordo, ainda estou com você.

O que você pensa sobre alguém determinará sua atitude para com essa pessoa e, conseqüentemente, suas ações seguirão a linha de seus pensamentos. A margem desse versículo diz: "Quão preciosos são os seus pensamentos a meu respeito...".

O Senhor tem apenas pensamentos bons e preciosos a seu respeito. Na verdade, pode ser que, se você tiver que viver por três vidas, você ainda não seja capaz de viver todas as coisas boas que Ele pensa a seu respeito. Quando o diabo sussurrar para você o fato de que você não é amado por Deus, leia em voz alta para ele os versículos acima. E deixe-o saber que você conhece os pensamentos de seu Pai sobre você.

É um privilégio ter o Rei do universo pensando em você, não apenas de vez em quando, mas o tempo todo. Seus pensamentos sobre você são tão vastos que você levará a eternidade para compreender. Esteja relaxado e certo de que os pensamentos de seu Pai a seu respeito não são apenas vastos, mas também preciosos. Não há um momento em que você não seja Sua mente.

Proclame o que você é

Pai, agradeço-te pelo que dizes a meu respeito. Eu creio na Tua palavra de todo o meu coração e de toda a minha alma. Eu me recuso a acreditar no que minhas circunstâncias dizem. Eu me recuso a acreditar no que as pessoas dizem que eu permaneço em sua palavra e, portanto, confesso que sou o que você diz que eu sou. E eu sou quem você diz que eu sou.

Eu amo Seus pensamentos sobre mim, estou feliz por eles serem bons, preciosos e vastos. Vou relaxar e ter certeza de que seus bons pensamentos para mim são preciosos, em nome de Jesus, amém.

#57

Deus tem bons planos para você
(Jeremias 29:11)

"Pois eu conheço os planos que tenho para vocês", declara o Senhor, "planos de fazê-los prosperar e não de prejudicá-los, planos de lhes dar esperança e um futuro".

Os pensamentos de Deus sobre você não são apenas alguns pensamentos vãos e sem fundamento. São pensamentos que estão ligados aos planos Dele para sua vida. Eu quero que você observe aqui que plano aqui está no plural. Portanto, Deus não tem apenas um plano para você, mas vários planos adaptáveis de acordo com Sua infinita sabedoria. Portanto, se você acha que perdeu parte do plano para sua vida, não se preocupe, existem muitos desses planos que Ele ainda revelará para você de acordo com Seu amor e bons pensamentos para com você.

Se você acha que perdeu algum aspecto importante do plano do Senhor para sua vida, confie que Ele ainda trará o melhor de sua situação atual. Não há nada impossível para Deus. Ele conhece o fim desde o começo, então nada é novo para Ele.

Proclame o que você é

Pai, agradeço-te pelo que dizes a meu respeito. Eu creio na Tua palavra de todo o meu coração e de toda a minha alma. Eu me recuso a acreditar no que minhas circunstâncias dizem. Eu me recuso a acreditar no que as pessoas dizem que eu permaneço em sua palavra e, portanto, confesso que sou o que você diz que eu sou. E eu sou quem você diz que eu sou.

Sei que seus planos para minha vida permanecerão e não serão frustrados. Eu acredito que você vai me prosperar em tudo que eu fizer, e em você minha esperança e futuro estão garantidos, em Nome de Jesus, amém.

#58

Deus nunca te deixará nem te abandonará até que você cumpra seu destino
(Gênesis 28:15) (1 Crônicas 28:20)

"Eu estou com você e cuidarei de você onde quer que você vá, e eu o trarei de volta a esta terra. Não te deixarei até que tenha feito o que te prometi".

"Davi também disse a Salomão, seu filho: "Seja forte e corajoso, e faça o trabalho. Não tenha medo nem desanime, pois o Senhor Deus, meu Deus, está com você. a obra do serviço do templo do Senhor está terminada".

Quando o Senhor encontrou Jacó quando ele estava fugindo para Aram, Deus lhe disse que nunca o deixaria até que o trouxesse ao lugar da promessa. O lugar da promessa de Deus para você é o seu destino. Por mais de uma década, declarei continuamente que sou imortal até cumprir o propósito de Deus para minha vida.

Quando você souber disso, o medo da morte o deixará. É a mesma coisa que Davi disse a seu filho Salomão quando ele estava prestes a assumir o trono de Israel. A verdade é que Deus ainda não terminou com você porque você ainda não terminou a obra Dele, ou seja, para o que Ele o criou. Deus nunca falhará com você nem o abandonará. Ele está cuidando de você continuamente para ver Seu plano cumprido em sua vida.

Proclame o que você é

Pai, agradeço-te pelo que dizes a meu respeito. Eu creio na Tua palavra de todo o meu coração e de toda a minha alma. Eu me recuso a acreditar no que minhas circunstâncias dizem. Eu me recuso a acreditar no que as pessoas dizem que eu

permaneço em sua palavra e, portanto, confesso que sou o que você diz que eu sou. E eu sou quem você diz que eu sou.

Obrigado pela certeza de sua presença comigo. Obrigado porque você nunca vai me deixar nem me abandonar. Serei forte e farei o trabalho que você me deu sabendo que você está comigo em tudo isso, em nome de Jesus, amém.

#59

Nenhuma arma forjada contra você prosperará
(Isaías 54:17, KJV)

"Nenhuma arma forjada contra ti prosperará; e toda língua que se levantar contra ti em juízo, tu a condenarás. Esta é a herança dos servos do Senhor, e a justiça deles vem de mim, diz o Senhor".

Quando uma arma é formada, ela é especialmente projetada e designada para um propósito específico. Agora o inimigo tem várias dessas armas que ele projetou contra os filhos de Deus. Mas o Senhor disse que tais armas não prosperarão contra você. A palavra 'prosperar' aqui significa prevalecer. Essa não é uma arma que o inimigo projetou contra você cumprirá seu propósito. Ele pode lançá-los contra você, se quiser; eles podem até chegar até você se Deus permitir, mas o resultado final é que tais armas nunca prevalecerão contra você por todo e qualquer motivo. Deus mudará os efeitos nocivos de tais armas a seu favor, se Ele permitir que as armas cheguem até você. A partir de hoje você deve viver sabendo que está imune a todas as armas do inimigo. Lançá-los em você é como usar uma arma de brinquedo contra um veículo blindado no campo de batalha. Deus fez você resistente a todas as armas fabricadas por Satanás.

Proclame o que você é

Pai, agradeço-te pelo que dizes a meu respeito. Eu creio na Tua palavra de todo o meu coração e de toda a minha alma. Eu me recuso a acreditar no que minhas circunstâncias dizem. Eu me recuso a acreditar no que as pessoas dizem. Eu permaneço em sua palavra e, portanto, confesso que sou o que você diz que sou. E eu sou quem você diz que eu sou.

Colocarei toda a minha armadura de Deus diariamente, sabendo que estou em uma guerra que já venci. Obrigado porque com minha armadura todas as armas do inimigo estão destinadas a falhar, em Nome de Jesus, amem.

#60

Nenhuma feitiçaria pode trabalhar contra você
(Números 23:23)

"Não há feitiçaria contra Jacó, nem adivinhação contra Israel. Agora será dito de Jacó e de Israel: 'Veja o que Deus fez!

Vivemos em uma sociedade em que a bruxaria está em alta. Naqueles dias, eram as velhas mães e pais que eram bruxos e bruxas, mas hoje são as belas meninas e meninos que estão atacando as pessoas na sociedade. Na verdade, os velhos estão agora muito inseguros e indefesos nas mãos desta nova geração de bruxas. Tudo o que você precisa fazer para ser atacado por eles é ser ignorante e eles lidarão com você antes que você caia em si.

Na verdade, os incrédulos são impotentes, mas para você que é um filho de Deus, todos os seus esquemas e artimanhas nunca farão nada, porque Deus disse que não há feitiçaria, feitiçaria ou adivinhação contra Israel, e nós somos o Israel de Deus. Então, da próxima vez que você se sentir ameaçado por bruxaria, declare o versículo acima. É o medo e o pânico que criam uma porta aberta para o diabo. Quando ele deixa você em pânico, ele tem acesso a você. Mas se você sabe que os agentes dele não podem fazer nada contra você, você manterá sua ousadia mesmo na cidade das bruxas e sairá ileso. Então, a partir de hoje pare de fugir do tio ou da tia ou do vizinho que você considera um bruxo ou bruxa. Eles devem fugir de você.

Proclame o que você é

Pai, agradeço-te pelo que dizes a meu respeito. Eu creio na Tua palavra de todo o meu coração e de toda a minha alma. Eu me recuso a acreditar no que minhas circunstâncias dizem. Eu me recuso a acreditar no que as pessoas dizem. Eu permaneço em sua palavra e, portanto, confesso que sou o que você diz que sou. E eu sou quem você diz que eu sou.

Sou intocável pelos esquemas de bruxas e bruxos porque minha vida está escondida com Cristo em Deus. Quando eu aparecer, bruxas e bruxos serão postos em fuga, seus murmúrios, encantamentos e feitiços não valerão nada contra mim, em Nome de Jesus, amém.

#61

Todos os que te atacam se renderão a você
(Isaías 54:15) (Isaías 41:11)

"Se alguém te atacar, não será minha culpa; quem te atacar se renderá a você".

"Todos os que se enfurecem contra você certamente ficarão envergonhados e desonrados; aqueles que se opõem a você serão como nada e perecerão.

Isso é o que o Senhor decretou em seu nome, que aqueles que se enfurecem contra você serão envergonhados e humilhados. Ele decretou que aqueles que se opõem a você serão como nada e perecerão. Ele também decretou que aqueles que o atacarem se renderão a você. Veja bem, o diabo sabe disso muito bem, por isso ele e seus demônios só usam agentes humanos ignorantes para atacar os santos, para que muitos deles sejam reduzidos a nada.

Satanás odeia se render, então ele mesmo nunca vem. Quando você souber disso e o inimigo souber que você sabe, ele se afastará de você e permitirá que seus agentes ignorantes sofram os efeitos. Isso é o que Deus decretou sobre você.

Proclame o que você é

Pai, agradeço-te pelo que dizes a meu respeito. Eu creio na Tua palavra de todo o meu coração e de toda a minha alma. Eu me recuso a acreditar no que minhas circunstâncias dizem. Eu me recuso a acreditar no que as pessoas dizem. Eu permaneço em sua palavra e, portanto, confesso que sou o que você diz que sou. E eu sou quem você diz que eu sou.

Obrigado, Senhor, pela minha invencibilidade em Ti. Aquilo que você decretou sobre mim é o que eu escolho acreditar. Seja doença ou qualquer outra coisa que se atreva a me atacar, se renderá a mim em Nome de Jesus, amém.

#62

Deus dará homens em troca de você
(Isaías 43:4)

"Visto que você é precioso e honrado aos meus olhos, e porque eu o amo, darei homens em troca de você, e pessoas em troca de sua vida."

Você é precioso demais aos olhos do Senhor para ser vitimado pelo maligno. Deus prefere dar mil incrédulos em seu lugar do que permitir que você seja vitimado pelo inimigo. Ele fez isso pelos meninos hebreus na Babilônia, Ele fez isso por Daniel no reino persa, Ele fez isso por Pedro quando Herodes tentou executá-lo.

E a verdade é que Deus continua fazendo isso hoje em todo o mundo para livrar Seus filhos dos ataques inimigos. Deus fará isso por você a qualquer momento que for necessário. Você é uma joia preciosa para Deus e ele dará homens em troca para salvá-lo, se isso acontecer. Então, a partir de hoje, comece a viver sua vida com confiança, livre de todo tipo de medo.

Proclame o que você é

Pai, agradeço-te pelo que dizes a meu respeito. Eu creio na Tua palavra de todo o meu coração e de toda a minha alma. Eu me recuso a acreditar no que minhas circunstâncias dizem. Eu me recuso a acreditar no que as pessoas dizem. Eu permaneço em sua palavra e, portanto, confesso que sou o que você diz que sou. E eu sou quem você diz que eu sou.

Recuso-me a viver com medo porque sou precioso aos teus olhos, Senhor. Obrigado porque você dará homens em troca de mim a qualquer hora, em qualquer lugar que for necessário. Vou viver sem medo da morte ou de qualquer tipo de dano, em nome de Jesus, amém.

#63

Deus tornará seus lugares difíceis suaves
(Isaías 42:16)

"Conduzirei os cegos por caminhos que não conhecem, por caminhos desconhecidos os guiarei; Transformarei as trevas em luz diante deles e aplainarei os lugares ásperos. Estas são as coisas que farei; não os abandonarei."

No caminho para o seu destino encontram-se colinas, montanhas e vários lugares acidentados. O Senhor prometeu ir à sua frente e aplainar aqueles lugares difíceis. Sem isso, não há como você chegar à Destinyland. Não tenha medo dos obstáculos que surgem em seu caminho quando você está no caminho para fazer o que Deus ordenou que você fizesse. É Sua responsabilidade cuidar dos bloqueios, colinas e montanhas que obstruem seu caminho.

Portanto, a partir de hoje, enfrente todas as dificuldades com o conhecimento de que o Senhor nivelará as montanhas e aplainará todos os lugares difíceis para você. Os que Ele permite, Ele o faz para te ensinar certas coisas. Quando você tiver aprendido tudo o que Ele queria, então o obstáculo também será removido. Cada vez que você encontrar colinas, montanhas ou lugares difíceis em sua caminhada com Deus, invoque esta promessa Dele a seu favor. Deus responde à Sua palavra quando apropriada pela fé.

Proclame o que você é

Pai, agradeço-te pelo que dizes a meu respeito. Eu creio na Tua palavra de todo o meu coração e de toda a minha alma. Eu me recuso a acreditar no que minhas

circunstâncias dizem. Eu me recuso a acreditar no que as pessoas dizem. Eu permaneço em sua palavra e, portanto, confesso que sou o que você diz que sou. E eu sou quem você diz que eu sou.

Enfrentarei a vida e caminharei contigo confiante de que sempre irás à minha frente para vencer os obstáculos. Eu te seguirei aonde quer que você me guie, irei aonde você enviar sabendo que você está ciente e no controle de todos os obstáculos em meu caminho, em nome de Jesus, amém.

#64

Ele lhe dará os tesouros das trevas
(Isaías 45:2-3)

"Irei adiante de vós e nivelarei os montes; Arrombarei portões de bronze e cortarei travessas de ferro. Dar-te-ei os tesouros das trevas, riquezas guardadas em lugares secretos, para que saibas que eu sou o Senhor, o Deus de Israel, que te chama pelo nome".

Quando o homem foi enganado pelo diabo e o diabo ganhou autoridade sobre a terra, ele antecipou que um dia o homem procuraria recuperar todas as suas riquezas e então o que satanás fez foi reunir rapidamente os tesouros da terra e os escondeu na escuridão onde o homem não teria mais acesso a essas riquezas e tesouros escondidos. No entanto, como nenhuma escuridão é escura demais para Deus, Ele pode ordenar que esses tesouros venham até você; na verdade, Ele os dá àqueles que O agradam e servem a Seu propósito.

Esta promessa era originalmente para Ciro, que deveria reconstruir o Templo. Mas você e eu também estamos envolvidos na reconstrução não apenas do templo, mas de Seu reino. Muitos profetas de hoje falaram sobre a transferência de riqueza que está chegando, onde a riqueza dos pagãos será transferida para os santos. Aquilo que é seu, que o inimigo escondeu na escuridão, será dado a você. É hora de pedir ao Senhor esses tesouros das trevas. Eles eram seus, mas foram roubados pelo ladrão. Ele foi pego; é hora de ele restaurar o que roubou.

Proclame o que você é

Pai, agradeço-te pelo que dizes a meu respeito. Eu creio na Tua palavra de todo o meu coração e de toda a minha alma. Eu me recuso a acreditar no que minhas circunstâncias dizem. Eu me recuso a acreditar no que as pessoas dizem. Eu permaneço em sua palavra e, portanto, confesso que sou o que você diz que sou. E eu sou quem você diz que eu sou.

Obrigado porque o que é meu que está escondido na escuridão está vindo para mim, em nome de Jesus, amém.

#65

O que Deus planejou para você, nada pode impedir
(Isaías 14:24,27)

"O SENHOR dos Exércitos jurou: "Certamente, como planejei, assim será, e como planejei, assim será... Pois o SENHOR dos Exércitos fez isso, e quem pode impedi-lo? Sua mão está estendida, e quem pode voltar atrás?"

Dissemos anteriormente que Deus tem bons planos para você de acordo com Seu propósito eterno para todo o universo. Existe alguém que também fez planos para você; planeja arruiná-lo e frustrar o propósito de Deus para sua vida. O diabo trabalha incansavelmente para fazer com que muitas pessoas percam seu destino. Mas para você que se tornou um filho de Deus, todas as suas tentativas serão nulas e sem efeito. Levante-se diariamente e use sua autoridade para frustrar e anular todas as tramas do maligno contra você. Ao fazer isso, você garantirá que os planos de Deus para sua vida aconteçam.

Nada, absolutamente nada pode frustrar o que Deus em Sua soberania e onisciência planejou para você. É para sua vida familiar, suas finanças, seu trabalho, sua vida espiritual? Contanto que você viva de acordo com as regras prescritas na palavra de Deus, você pode ter certeza de que nada nos céus, na terra ou nos recessos mais profundos do inferno frustrará o propósito de Deus para sua vida. Agradeça a Deus diariamente pelo fato de que Sua vontade para sua vida será cumprida. Agradeça a Ele pelo fato de que nada pode frustrar Seu propósito para sua vida.

Proclame o que você é

Pai, agradeço-te pelo que dizes a meu respeito. Eu creio na Tua palavra de todo o meu coração e de toda a minha alma. Eu me recuso a acreditar no que minhas circunstâncias dizem. Eu me recuso a acreditar no que as pessoas dizem. Eu permaneço em sua palavra e, portanto, confesso que sou o que você diz que sou. E eu sou quem você diz que eu sou.

Obrigado porque Seus propósitos para mim acontecerão. Todo o inferno solto não impedirá nada disso, porque você está comigo como um poderoso guerreiro, cuidando de cada plano seu até que tudo seja realizado, em nome de Jesus, amém.

#66

É a sua temporada de brilhar
(Isaías 60:1) (Filipenses 2:15)

"Levanta-te, resplandece, porque vem a tua luz, e a glória do Senhor vai nascendo sobre ti."

"para que vos torneis irrepreensíveis e puros, filhos de Deus irrepreensíveis no meio de uma geração corrompida e depravada, na qual brilhais como estrelas no universo"

O Senhor ordena que você se levante agora e brilhe como a luz que Ele fez de você. É a sua hora de brilhar no ministério, é a sua hora de brilhar nos estudos, é a sua hora de brilhar nos negócios que você está fazendo. A obscuridade para você acabou! É a sua vez de estar no centro das atenções. O Senhor diz que Sua glória está subindo sobre você para que toda a terra a contemple. Você está destinado a brilhar como uma estrela. As estrelas brilham mais forte na escuridão da noite. A escuridão que está aumentando ao seu redor está apenas lhe dando a oportunidade de brilhar mais e mais.

Estamos na época da glória de Deus surgindo sobre Sua igreja. E aqueles de nós em Sião devem brilhar com a glória que se eleva sobre nós. É hora das trevas fugirem da luz da presença de Deus que está refletindo sobre nós. Conecte-se à fonte da glória para que você também possa brilhar. Seja um refletor da glória em cada área de escuridão que estiver ao seu redor. Brilhe no seu falar, nas suas ações e em tudo o que lhe diz respeito. É a sua estação para brilhar. Deus está levando você do quintal do deserto para a linha de frente da notoriedade. Ele está levando você da obscuridade para o centro das atenções, do campesinato à realeza. Declare e decrete que é a sua estação para brilhar.

Proclame o que você é

Pai, agradeço-te pelo que dizes a meu respeito. Eu creio na Tua palavra de todo o meu coração e de toda a minha alma. Eu me recuso a acreditar no que minhas circunstâncias dizem. Eu me recuso a acreditar no que as pessoas dizem. Eu permaneço em sua palavra e, portanto, confesso que sou o que você diz que sou. E eu sou quem você diz que eu sou. Declaro de acordo com sua palavra que estou brilhando. Sua glória está sobre minha vida e se reflete em todos os lugares que eu vou. Fui feito para brilhar como as estrelas. Nada pode mais cobrir minha estrela.

Agora decrete, "oh estrela de... (insira seu nome) brilhe sem impedimentos. A glória do Senhor está sobre você".

#67

Você é uma cidade fortificada
(Jeremias 1:18) (Jeremias 15:20)

"Hoje eu fiz de você uma cidade fortificada, uma coluna de ferro e um muro de bronze para resistir a toda a terra, contra os reis de Judá, seus oficiais, seus sacerdotes e o povo da terra."

"Farei de ti um muro para este povo, um muro fortificado de bronze; eles lutarão contra você, mas não o vencerão, pois estou com você para salvá-lo e salvá-lo", declara o Senhor.

Eu havia sofrido sérias ameaças de espíritos marinhos e seus agentes humanos porque estava realizando a libertação de alguns de seus agentes. Enquanto eu meditava na palavra de Deus, Ele de repente me deu esta revelação que acabou com todos os meus medos. Na verdade, no dia anterior, eles vieram até mim e disseram: "deixe-nos em paz e deixaremos você em paz". Na manhã seguinte, o Senhor me levou a meditar nos versículos acima e isso resolveu o problema de uma vez por todas. Eu declarei isso no púlpito enquanto pregava na manhã do domingo seguinte, sem qualquer dúvida.

Veja, Deus fez de você uma cidade fortificada de bronze. Isso significa que o inimigo não pode invadir você até que você abra os portões para ele. Mantenha seus portões fechados e não importa a rampa de cerco que ele construa do lado de fora, suas paredes permanecerão de pé depois que todos os materiais para o trabalho de cerco forem esgotados. Eles podem atacar, mas estão fadados à derrota. Não é você quem fez uma cidade fortificada, mas é Deus quem fez você assim.

Proclame o que você é

Pai, agradeço-te pelo que dizes a meu respeito. Eu creio na tua palavra de todo o meu coração e. com toda a minha alma. Eu me recuso a acreditar no que minhas circunstâncias dizem. Eu me recuso a acreditar no que as pessoas dizem. Eu permaneço em sua palavra e, portanto, confesso que sou o que você diz que sou. E eu sou quem você diz que eu sou.

Senhor, manterei minha parede intacta e não permitirei ponte na parede. Manterei meus portões fechados e afastarei o inimigo permanentemente, em Nome de Jesus, amém.

#68

Você é um pilar de ferro
(Jeremias 1:18)

"Hoje eu fiz de você uma cidade fortificada, uma coluna de ferro e um muro de bronze para resistir a toda a terra, contra os reis de Judá, seus oficiais, seus sacerdotes e o povo da terra."

O Senhor diz que fez de você uma coluna de ferro. Um pilar de ferro não pode ser movido; nem pode ser dobrado nem quebrado. A partir de hoje você não será sacudido pelos ventos dos enganos do inimigo.

Você permanecerá firme no lugar que Deus o colocou, indiferente aos abalos do inimigo. Se você acredita que o Senhor fez de você uma coluna de ferro, quero que você o proclame sem medo ou pânico aos ouvidos dos principados e potestades. Quando você sabe o que você é, você age de acordo. Você não é um junco para ser soprado e jogado pelo vento sempre que quiser. Não, você é um pilar de ferro, plantado e firme. A partir de hoje você viverá uma vida estável porque você sabe o que você é.

Proclame o que você é

Pai, agradeço-te pelo que dizes a meu respeito. Eu creio na tua palavra de todo o meu coração e, com toda a minha alma. Eu me recuso a acreditar no que minhas circunstâncias dizem. Eu me recuso a acreditar no que as pessoas dizem. Eu permaneço em sua palavra e, portanto, confesso que sou o que você diz que sou. E eu sou quem você diz que eu sou.

Obrigado porque fizeste de mim uma coluna de ferro que não pode ser movida nem abalada. Obrigado porque sou uma coluna plantada em sua casa, em Nome de Jesus, amém.

#69

você é um deus
(Salmo 82:6) (João 10:34)

"Eu disse: 'Vocês são "deuses"; todos vocês são filhos do Altíssimo."

Deus declarou que você é um deus. Você vê o salmista disse, indicando seu espanto quando descobriu o que ele era, "você o fez (o homem) um pouco menor do que os seres celestiais (Elohim) e o coroou com glória e honra" (Sl 8:5 ênfase minha)

Você vê que Deus o fez apenas um pouco menor do que Ele mesmo, é por isso que Ele disse que você é um deus. A partir de hoje você vai parar de viver como um escravo. Você foi feito para viver como um deus. O próprio Senhor Jesus reiterou o fato de que você é um deus. Seus poderes como deus foram perdidos por causa da queda. Se você professou a Cristo e está vivendo de acordo com princípios piedosos, então seu lugar como deus foi restaurado. É por isso que você pode governar por decretos e falar coisas que não são como se fossem.

Deus governa e exerce domínio. A Bíblia diz que Deus, o Deus Todo-Poderoso, colocou tudo sob seus pés para você governar e reinar. Comece a exercer seu governo proclamando as coisas à existência. Declare o que você quer ser de acordo com a Palavra de Deus e no ritmo do mover do Espírito de Deus e creia que assim será.

Proclame o que você é

Pai, agradeço-te pelo que dizes a meu respeito. Eu creio na Tua palavra de todo o meu coração e de toda a minha alma. Eu me recuso a acreditar no que minhas circunstâncias dizem. Eu me recuso a acreditar no que as pessoas dizem. Eu

permaneço em sua palavra e, portanto, confesso que sou o que você diz que sou. E eu sou quem você diz que eu sou.

Exercerei meu domínio sendo sensível à sua palavra e ao mover do seu Espírito, em nome de Jesus, amém.

#70

Você é a menina dos olhos de Deus
(Zacarias 2:8)

"Pois assim diz o Senhor dos Exércitos: "Depois que ele me honrou e me enviou contra as nações que os saquearam, pois quem toca em vocês, toca na menina dos seus olhos"

A menina dos olhos é a parte mais sensível que o mecanismo reflexo do corpo protegerá no caso do intruso mais sutil. A pálpebra fecha-se rapidamente contra qualquer forma de ataque à pupila. Então, quando Deus diz que você é a menina dos olhos dele, isso significa que Ele não permitirá que nenhum mal se aproxime de você. Significa que você é um elemento integral e precioso em Seu corpo. Você não pode ser tocado sem que Deus seja afetado.

Qualquer um que tocar em você por qualquer motivo ficará sob a ira. É por isso que Davi pôde orar e dizer: "Guarda-me como a menina dos teus olhos" (Sl 17:8a). Você pode se levantar todas as manhãs e repetir essa oração a Deus, pois, de fato, você é a menina dos olhos de Deus.

Proclame o que você é

Pai, agradeço-te pelo que dizes a meu respeito. Eu creio na Tua palavra de todo o meu coração e de toda a minha alma. Eu me recuso a acreditar no que minhas circunstâncias dizem. Eu me recuso a acreditar no que as pessoas dizem. Eu permaneço em sua palavra e, portanto, confesso que sou o que você diz que sou. E eu sou quem você diz que eu sou.

Guarda-me Senhor, como a menina dos teus olhos hoje, amanhã, para sempre. Eu viverei com a consciência de que sou a menina dos seus olhos, em Nome de Jesus, amém.

#71

Você está gravado nas palmas das mãos de Deus
(Isaías 49:16)

"Veja, eu gravei você nas palmas das minhas mãos; suas paredes estão sempre diante de mim.

Quando algo foi gravado em um objeto, é impossível apagar essa inscrição sem destruir o objeto. Se fosse uma escrita normal, poderia ser apagado sem destruir o objeto. Deus não apenas escreveu você em algum pedaço de papel, Ele não apenas pintou você em algum lugar; Ele gravou você nas palmas de Suas mãos. Isso significa que você está nas duas palmas das mãos de Deus. Quando Ele olha para Sua mão direita, Ele vê você lá. Quando Ele olha para a mão esquerda, Ele vê você lá. Em outras palavras, você é permanentemente visto por Deus todas as horas do dia.

Deus jamais se esquecerá de você. Você está sempre diante do Senhor, o que quer que você esteja passando, Ele está ciente. Antes que qualquer coisa chegue até você, Ele já a vê. Na verdade, Deus está ciente de você diariamente mais do que você está ciente de si mesmo. Nada pode apagá-lo das mãos do Senhor. Você não foi apenas escrito, mas gravado permanentemente nas palmas das mãos do Senhor. Isso deve lhe dar toda a confiança necessária para enfrentar as circunstâncias mais incertas. Deus não precisa olhar através das nuvens para ver você. Se há uma parte do corpo que vemos com frequência, é a palma da mão. O que quer que esteja na palma da mão é visto continuamente. Deus tem você em vista.

Proclame o que você é

Pai, agradeço-te pelo que dizes a meu respeito. Eu creio na Tua palavra de todo o meu coração e de toda a minha alma. Eu me recuso a acreditar no que minhas circunstâncias dizem. Eu me recuso a acreditar no que as pessoas dizem. Eu permaneço em sua palavra e, portanto, confesso que sou o que você diz que sou. E eu sou quem você diz que eu sou.

Senhor, tu me vês diariamente. Eu nunca estou fora de sua vista. Obrigado por ver tudo o que vem em meu caminho antes que aconteça, em Nome de Jesus, amém.

#72

Você é um imperialista espiritual
(Deuteronômio 11:24)

"Todo lugar onde você pisar será seu: seu território se estenderá desde o deserto até o Líbano, e desde o rio Eufrates até o mar ocidental."

Você foi projetado para ser um imperialista espiritual, possuindo cada lugar que pisar. Você vê que o inimigo enganou nossos antepassados e roubou seu território. Ele agora reivindica tantos lugares. Mas você sabe o que? Nestes últimos dias, Deus designou você e eu para reaver tudo o que nos pertence por direito e nos tornou imperialistas, desapropriando o inimigo dos lugares que ele reivindica. Deus tornou possível para você estender seu domínio espiritual para qualquer extensão que desejar, desde que seja capaz de manter a ordem lá e manter a atmosfera espiritual sob controle. Não permita mais que seu domínio seja colonizado pelo diabo e seus comparsas.

Determine o tamanho que você deseja que seu domínio tenha e comece a possuir o que é seu por direito. O diabo é um ladrão; não permita que ele continue a ocupar o território roubado que pertence a você. Cada lugar significa tudo menos nenhum. Você deve se ver como um imperialista, expulsando o inimigo e tomando posse da terra. Bendito seja o nome do Senhor, que fez assim para você e para mim. Você pode escrever novos territórios para possuir e partir para possuí-los. Os imperialistas são imparáveis. Veja a si mesmo como alguém que não será impedido por nada. Seu Deus é imparável e por isso Ele fez você imparável.

Proclame o que você é

Pai, agradeço-te pelo que dizes a meu respeito. Eu creio na tua palavra de todo o meu coração e. com toda a minha alma. Eu me recuso a acreditar no que minhas circunstâncias dizem. Eu me recuso a acreditar no que as pessoas dizem. Eu permaneço em sua palavra e, portanto, confesso que sou o que você diz que sou. E eu sou quem você diz que eu sou.

Vou partir para novos territórios, recuso-me a ser parado por qualquer coisa. Estou alcançando tudo o que é meu, todo território ocupado deve ser retomado e estou partindo para eles, em nome de Jesus, amém.

#73

Você é um terror para o diabo
(Deuteronômio 11:25)

"Nenhum homem será capaz de resistir a você. O SENHOR, seu Deus, como ele prometeu a vocês, porá o terror e o medo de vocês em toda a terra, aonde quer que vocês forem".

Quando você vive de acordo com os princípios e valores divinos, quando sua vida está saturada com a presença do Altíssimo, você se torna um terror para o inimigo e seus seguidores. A presença de Deus em você e sobre você faz o inimigo recuar à sua aproximação. Ele foge desordenadamente quando contempla o fogo abrasador do Espírito Santo que envolve aquele que carrega a unção de Deus. Para que você mantenha sua capacidade de ser um terror para o inimigo, você deve viver em santidade, pureza e consciência do fato de que Deus fez de você um terror para satanás.

Você sabe, (com assuntos espirituais), é o conhecimento do seu coração que determina o efeito que sua vida produz em seu ambiente. Se você não sabe quem você é, a criação não respeitará nem responderá ao que responderá automaticamente se você soubesse quem você é. Na verdade, conhecimento é poder e exige respeito e obediência.

Aquele que sabe é conhecido e temido por todo o inferno. É por essa razão que o diabo faz de tudo para impedir que as pessoas conheçam a verdade. Mas você conheceu a verdade hoje e pode libertá-lo de todo medo do maligno. Assim como o mundo hoje tem medo de terroristas, o reino inimigo tem medo de você, gostaria que você soubesse disso antes. Mas agora que você sabe disso, não tenha medo das ameaças mesquinhas do diabo. Mantenha a Santa presença do Altíssimo com você e você aterrorizará o acampamento inimigo.

Proclame o que você é

Pai, agradeço-te pelo que dizes a meu respeito. Eu creio na Tua palavra de todo o meu coração e de toda a minha alma. Eu me recuso a acreditar no que minhas circunstâncias dizem. Eu me recuso a acreditar no que as pessoas dizem. Eu permaneço em sua palavra e, portanto, confesso que sou o que você diz que sou. E eu sou quem você diz que eu sou.

Por minha obediência vou aterrorizar o inimigo, por minhas orações e jejum vou aterrorizar seu acampamento. Por ser um portador da presença divina, avançarei com ousadia em tudo o que você ordenou para mim, em nome de Jesus, amém.

#74

Você está cercado de favor
(Salmo 5:12)

"Pois certamente, ó Senhor, tu abençoas o justo; você os cerca com seu favor como com um escudo.

Se você é um filho de Deus, comprado com sangue e lavado com sangue, então Cristo Jesus se tornou sua justiça de Deus e, portanto, você é um justo. A Bíblia diz que Deus envolve o justo com favor como com um escudo. Isso significa que para qualquer coisa chegar até você, deve antes de tudo passar pelo escudo do favor. Favor age como um filtro e bloqueia todos os componentes nocivos de chegar até você. Quando você sabe que está cercado de favores, você vive em paz e confiança. Você não tem medo das intrigas enganosas dos homens.

Você sabe que todas as coisas que chegam até você vêm de acordo com o favor que o cerca e, assim, você vive esperando que apenas coisas boas apareçam em seu caminho. O sofrimento que chega até você é favor provado. As provações que vêm a você são provadas favoravelmente. As decepções que chegam a você são comprovadas. A partir de hoje, viva e aja como alguém que sabe que está protegido pelo favor do Senhor. O conhecimento do favor divino em sua vida mudará suas crenças e atitudes em relação à vida para melhor e aumentará seu desempenho e produtividade mesmo diante da adversidade.

Proclame o que você é

Pai, agradeço-te pelo que dizes a meu respeito. Eu creio na Tua palavra de todo o meu coração e de toda a minha alma. Eu me recuso a acreditar no que minhas

circunstâncias dizem. Eu me recuso a acreditar no que as pessoas dizem. Eu permaneço em sua palavra e, portanto, confesso que sou o que você diz que sou. E eu sou quem você diz que eu sou.

Obrigado por Teu favor que me cerca. Senhor, creio que nada me alcança sem passar por este abrigo de favor à minha frente, atrás, à minha esquerda, à minha direita, acima de mim e abaixo de mim. Estou encharcado do favor Divino e viverei nesta consciência, em nome de Jesus, amém.

#75

Você é mais que um vencedor
(Romanos 8:37)

"Não, em todas essas coisas somos mais que vencedores por meio daquele que nos amou."

Conquistar significa superar, superar, triunfar, derrotar, vencer, subjugar ou levar a melhor. Um conquistador é aquele que conquista. Para Deus dizer que você é mais que um conquistador, significando que você é mais que um derrotador, vencedor, subjugador ou captor. Você tem a capacidade de levar cativo tudo o que se opõe ao seu chamado para cima. A última coisa que um conquistador fará é desistir diante da adversidade. Na verdade, desistir ou recuar não faz parte do vocabulário de um conquistador. E como você é mais que um vencedor a partir de hoje, você nunca recuará ou cederá ao seu inimigo.

Eu sei que tudo o que o incomodou até agora está em apuros porque você começará a agir como o que Deus fez de você - mais do que um vencedor. Existem algumas coisas que você não conquistou? É hora de se levantar como o "mais que vencedor" que você é e conquistar. Lembre-se de que você é mais que um vencedor somente em Deus que o amou. É por isso que a sensibilidade aos Seus movimentos é essencial.

Proclame o que você é

Pai, agradeço-te pelo que dizes a meu respeito. Eu creio na Tua palavra de todo o meu coração e de toda a minha alma. Eu me recuso a acreditar no que minhas circunstâncias dizem. Eu me recuso a acreditar no que as pessoas dizem. Eu permaneço em sua palavra e, portanto, confesso que sou o que você diz que sou. E eu sou quem você diz que eu sou. Enfrentarei todas as batalhas da vida sabendo que você me fez mais que um vencedor, em Nome de Jesus, amém.

#76

Você pode amar todo mundo
(Romanos 5:5)

"E a esperança não nos decepciona, porque Deus derramou seu amor em nossos corações pelo Espírito Santo que ele nos deu".

Como crente, é impossível para você odiar alguém. Se algum sentimento de ódio surgir em você em r elação a alguém, então não é de você. Tem uma origem estranha. Isso pode ser de um espírito maligno de ódio residindo em você ou operando sem você. Nesse caso, você deve dizer a si mesmo e declarar o fato de que ama essa pessoa.

É o próprio Espírito Santo que derramou o amor de Deus em seu coração e, portanto, deu a você a capacidade de amar a todos. Não dê ouvidos às mentiras do inimigo de que você odeia alguém. Você se torna culpado quando concorda com o inimigo que odeia aquela pessoa. O ódio não é seu produto. Rejeite-o e envie-o de volta à sua fonte. Confesse amor e procure oportunidades para demonstrar e praticar o amor.

Proclame o que você é

Pai, agradeço-te pelo que dizes a meu respeito. Eu creio na Tua palavra de todo o meu coração e de toda a minha alma. Eu me recuso a acreditar no que minhas circunstâncias dizem. Eu me recuso a acreditar no que as pessoas dizem. Eu permaneço em sua palavra e, portanto, confesso que sou o que você diz que sou. E eu sou quem você diz que eu sou.

Tenho a capacidade de amar a todos porque o amor de Deus foi derramado abundantemente em meu coração. Eu me libero para ser um agente de amor a todos que cruzam meu caminho. Que as pessoas provem do Teu amor ao entrarem em contato comigo, em Nome de Jesus, amém.

#77

Você venceu o mundo
(1 João 5:4)

"Porque todo aquele que é nascido de Deus vence o mundo. Esta é a vitória que venceu o mundo, a nossa fé".

O Senhor Jesus disse a seus discípulos: "Neste mundo vocês terão problemas. Mas tenha coragem! Eu venci o mundo" (Jo 16:33 b&c). Isso foi antes de Ele morrer e ressuscitar. Mas agora Ele diz, todo aquele que é nascido de Deus vence o mundo. Você é um filho de Deus? Então você tem fé. E porque você tem fé, você venceu o mundo. Suas atrações, ofertas, promessas, desafios, paixões, valores e tudo o que este mundo tem e é feito. Em meu livro "Filho de Deus" escrevi extensivamente sobre o mundo; os diferentes aspectos que compõem o sistema mundial e como você pode lidar com eles. Faça bem em obter uma cópia e lê-la para saber o que faz de você um filho de Deus e como você pode viver de maneira eficaz.

Proclame o que você é

Pai, agradeço-te pelo que dizes a meu respeito. Eu creio na Tua palavra de todo o meu coração e de toda a minha alma. Eu me recuso a acreditar no que minhas circunstâncias dizem. Eu me recuso a acreditar no que as pessoas dizem. Eu permaneço em sua palavra e, portanto, confesso que sou o que você diz que sou. E eu sou quem você diz que eu sou.

#78

você foi curado
(1 Pedro 2:24)

"Ele mesmo carregou nossos pecados em seu corpo sobre o madeiro, para que morrêssemos para os pecados e vivêssemos para a justiça; pelas suas feridas fostes curados".

O Senhor Jesus Cristo pagou por nossa cura, cura total e completa. Nada tem o direito de afligi-lo por qualquer motivo. Em meu livro, "Vida Abundante", escrevi extensivamente sobre a cura abundante de um crente. Você fará bem em obter e ler. Conhecimento é poder!

Proclame o que você é

Pai, agradeço-te pelo que dizes a meu respeito. Eu creio na Tua palavra de todo o meu coração e de toda a minha alma. Eu me recuso a acreditar no que minhas circunstâncias dizem. Eu me recuso a acreditar no que as pessoas dizem. Eu permaneço em sua palavra e, portanto, confesso que sou o que você diz que sou. E eu sou quem você diz que eu sou.

Senhor, eu entro em minha herança de saúde neste dia. Renuncio a todas as enfermidades e enfermidades do meu corpo, pois pelas chagas do Senhor Jesus Cristo fui curado, em Nome de Jesus, amém.

#79

Você é um filho da promessa
(Gálatas 4:28)

"Agora vocês, irmãos, como Isaque, são filhos da promessa."

Você está levando em você a promessa do Pai. Você é um filho da promessa assim como Isaque foi para seu pai Abraão. Isso significa que seus escravos não têm direito de compartilhar sua herança. Você não pode se permitir ser tratado pelo diabo como uma pessoa comum. Os filhos da promessa são filhos da esperança, do favor e de um futuro abençoado e selado com o amor de Deus. Como filho da promessa, você deve prosperar mesmo em meio à fome, como Isaque. Você deve ser um par para comunidades inteiras por seu trabalho árduo, sabedoria e sucesso.

Como Isaque era um filho da promessa, ele não poderia ser morto porque os propósitos de Deus para as gerações futuras estavam ligados a ele. Ouça, se você permitir que essa verdade penetre dentro de você, sua confiança ao enfrentar os obstáculos da vida será esmagadora. Há uma promessa divina escrita em você. O inimigo sabe disso, mas se ele souber que você não sabe disso, ele tentará usar isso a seu favor. Lembre-se de que a ignorância é o maior dano que você pode fazer a si mesmo.

Proclame o que você é

Pai, agradeço-te pelo que dizes a meu respeito. Eu creio na Tua palavra de todo o meu coração e de toda a minha alma. Eu me recuso a acreditar no que minhas circunstâncias dizem. Eu me recuso a acreditar no que as pessoas dizem. Eu

permaneço em sua palavra e, portanto, confesso que sou o que você diz que sou. E eu sou quem você diz que eu sou.

Obrigado por Sua promessa escrita em toda a minha vida. Assim como nenhuma promessa sua pode falhar, assim cumprirei meu destino. Tudo o que você ordenou para mim acontecerá, cada um na hora certa, em Nome de Jesus, amém.

#80

Você tem uma fonte pronta de ajuda
(Hebreus 4:16)

"Aproximemo-nos, pois, do trono da graça com confiança, a fim de recebermos misericórdia e encontrarmos graça que nos ajude no momento da necessidade."

Há ajuda pronta disponível para você do trono da graça. O Senhor convida-vos ao Seu Trono, a fim de encontrardes misericórdia e graça que vos prestem o auxílio necessário quando necessitais. Muitas pessoas não recorrem a essa fonte de ajuda porque não se aproximam dela. Você tem uma fonte de ajuda emocional, psicológica, moral, física, social e, acima de tudo, espiritual da qual pode recorrer.

Enquanto você estiver neste tabernáculo de barro, haverá momentos em que estará fraco demais para lutar. Nesses momentos, apenas conecte-se, aproximando-se do Trono da graça, à sua fonte de ajuda. A ajuda está cada vez mais próxima de você do que você imagina. Apenas uma frase curta de "ajuda-me Senhor", misturada com fé pode liberar quantos anjos forem necessários para intervir em seu nome.

Em sua vida diária, implore a ajuda do Senhor não apenas em momentos de emergência, mas em tudo o que fizer. O trono da graça está ao seu alcance, filho do destino. Que seja um lugar que você visita constantemente. A graça é a capacitação divina para fazer o que de outra forma você não seria capaz de fazer. Então, você tem as habilidades de Deus colocadas ao seu alcance para a vida diária, explore-as.

Proclame o que você é

Pai, agradeço-te pelo que dizes a meu respeito. Eu creio na Tua palavra de todo o meu coração e de toda a minha alma. Eu me recuso a acreditar no que minhas circunstâncias dizem. Eu me recuso a acreditar no que as pessoas dizem. Eu permaneço em sua palavra e, portanto, confesso que sou o que você diz que sou. E eu sou quem você diz que eu sou.

Obrigado, meu Pai, porque Tu és uma fonte de ajuda sempre presente. Aproximar-me-ei do Teu trono de graça em oração e adoração, e através das meditações do meu coração, Em Nome de Jesus, amém.

#81

Você foi feito à imagem de Deus
(Gênesis 1:27)

"Criou Deus, pois, o homem à sua imagem, à imagem de Deus o criou; homem e mulher os criou".

Você sabe por que Satanás odeia a humanidade com tanto ódio? É porque cada vez que ele olha para o homem, ele vê o criador no homem. O homem foi feito como Deus. Mesmo depois da queda a imagem ainda está lá, o que foi destruído foram os potenciais dados por Deus. Como Satanás não pode fazer nada contra Deus, ele tenta descarregar sua raiva na imagem de Deus, que é o homem. Ele obtém sua satisfação em afligir a amada raça humana de Deus.

Você viu como os iraquianos pisotearam a estátua de Sadam depois de sua queda? Eles não estavam pisoteando o homem real, mas sentiam prazer no que faziam porque pisavam em sua imagem. É o mesmo prazer que os maníacos do mal expulsos do Reino da Luz em desgraça estão obtendo em afligir a humanidade. Mas graças a Deus, que por meio de Cristo Jesus virou o jogo e nos deu a vantagem, agora podemos punir o diabo pelo poder do Espírito Santo.

Você é a imagem de Deus. Não dê mais ouvidos às mentiras do maligno que visam menosprezá-lo e fazê-lo pensar que você não é ninguém. Não apenas a imagem de Deus em você foi aprimorada, mas os potenciais de Deus em você também foram restaurados pela redenção fornecida em Cristo Jesus.

Proclame o que você é

Pai, agradeço-te pelo que dizes a meu respeito. Eu creio na Tua palavra de todo o meu coração e de toda a minha alma. Eu me recuso a acreditar no que minhas circunstâncias dizem. Eu me recuso a acreditar no que as pessoas dizem. Eu permaneço em sua palavra e, portanto, confesso que sou o que você diz que sou. E eu sou quem você diz que eu sou.

Obrigado, Senhor, por me fazer à sua imagem e colocar em mim os seus próprios potenciais. Vou explorar tudo o que você colocou em mim ao máximo pela capacitação do seu Espírito, em nome de Jesus, amém.

#82

Você foi formado para estar no controle
(Gênesis 1:28) (Salmo 8: 3-8)

"Deus os abençoou e lhes disse: "Sejam férteis e multipliquem-se; encham a terra e subjuguem-na.

"Quando contemplo os teus céus, obra dos teus dedos, a lua e as estrelas que estabeleceste, que é o homem para que te lembres dele, o filho do homem para que te preocupes com ele? Tu o fizeste um pouco menor do que os seres celestiais e o coroaste de glória e honra".

Quando Deus o criou, Ele o construiu com a intenção de que você estivesse no controle, ou seja, Ele o criou com a capacidade de liderar, dominar e governar o resto da criação na terra. Sejam criaturas na litosfera inferior e astenosfera ou na troposfera superior, estratosfera, mesosfera ou termosfera. Enquanto estiver no domínio da terra, Deus criou você com a capacidade inerente de estar no controle. É por esta razão que o homem normal não quer ser controlado porque ele foi originalmente projetado para estar no controle e não estar sob controle. A partir de hoje, não se veja mais como alguém que nunca pode liderar. Em seu livro, "tornando-se um líder", o Dr. Myles Monroe escreveu: "Deus criou todos nós para governar, governar, controlar e influenciar a terra. Ele criou todos nós para liderar... você nunca foi designado para ser dominado.

No entanto, existem pessoas que gostam de ser dominadas e confundem isso com submissão. Ao fazê-lo, eles falham em expressar plenamente aquilo que

Deus colocou neles. O que você precisa na vida é orientação e conselho e não controle. Na verdade, para estar devidamente no controle, você precisa de orientação madura e conselho de outras pessoas.

Aprenda a controlar suas ações, palavras, pensamentos, etc. Aprenda a controlar as circunstâncias que surgem em seu caminho, mesmo quando imprevistas. Nunca se permita perder o controle de nada a partir de hoje. Deus formou você para estar no controle e exercer domínio. O Senhor Jesus Cristo veio para restaurar sua capacidade de ter as coisas sob controle.

Proclame o que você é

Pai, agradeço-te pelo que dizes a meu respeito. Eu creio na Tua palavra de todo o meu coração e de toda a minha alma. Eu me recuso a acreditar no que minhas circunstâncias dizem. Eu me recuso a acreditar no que as pessoas dizem. Eu permaneço em sua palavra e, portanto, confesso que sou o que você diz que sou. E eu sou quem você diz que eu sou.

#83

Você é um filho do destino
(Romanos 8:30) (Efésios 1:11)

"E aos que predestinou, a esses também chamou; aos que chamou, também justificou; aos que justificou, também glorificou".

"Nele também fomos escolhidos, tendo sido predestinados segundo o desígnio daquele que faz todas as coisas conforme o propósito da sua vontade"

Deus predeterminou seu propósito na terra. Ele projetou e fez você com um propósito específico em mente para você realizar. É esse propósito predeterminado de Deus em relação a você que é chamado de destino. Na verdade, Ele mesmo fala em levá-lo a um fim esperado. Esse fim esperado é o seu destino. É por isso que Ele faz tudo em sua vida para se adequar ao Seu plano e propósito predeterminados.

Você não é filho das circunstâncias para viver de acordo com o acaso. Não! Tudo sobre você está escrito. Existe um projeto que Deus está seguindo para sua vida. Você pode confiar nele! O salmista disse: "Todos os dias determinados para mim foram escritos no teu livro antes que um deles existisse" (Sl 139: 16b). Não viva mais por acaso, trace seu destino e cumpra-o. Você pode ler meu livro, "Cumprindo seu destino". Você deve entender que o que quer que surja em seu caminho, Deus trabalha em conformidade com o propósito de Sua vontade para sua vida.

Proclame o que você é

Pai, agradeço-te pelo que dizes a meu respeito. Eu creio na Tua palavra de todo o meu coração e de toda a minha alma. Eu me recuso a acreditar no que minhas circunstâncias dizem. Eu me recuso a acreditar no que as pessoas dizem. Eu permaneço em sua palavra e, portanto, confesso que sou o que você diz que sou. E eu sou quem você diz que eu sou.

Senhor, não buscarei nada além do que você escreveu sobre mim em seu livro. Eu te dou permissão, Senhor, para bloquear tudo o que não faz parte do Seu propósito para mim e para abrir as portas que me levarão a cumprir meu destino em você, em Nome de Jesus, amém.

#84

Deus fez você resistente a tempestades e chamas
(Isaías 43:2)

"Quando você passar pelas águas, estarei com você; e quando você passar pelos rios, eles não o varrerão. Quando você passar pelo fogo, não será queimado; as chamas não vão incendiá-lo.

Você já usou um relógio de pulso com a inscrição "resistente à água"? Como você agiu quando entrou em contato com a água enquanto colocava esse relógio? Na verdade, você se importava menos se o relógio caísse na água. Você pode até tomar banho ou nadar com o relógio ligado porque tem certeza de que a água não afetará o funcionamento do relógio. Isso é o que Deus fez por você! No entanto, Ele fez você resistente à água e ao fogo.

As águas furiosas do inimigo, quando vierem contra você, não o afetarão. As chamas da aflição não afetarão sua vida de forma alguma. Embora você possa passar pelas águas e fogos da vida, você sairá ileso, sem que nenhum pelo do seu corpo seja chamuscado. Na verdade, eles só vêm para ajudar a remover qualquer sujeira ou impureza que possa estar em você. A partir de hoje você deixará de ter medo das tempestades. O fogo que vem em sua direção vem para queimar a escória de sua vida. A água que você passa serve para tirar qualquer sujeira que possa ter se esfregado em você. Você é resistente à água e chamas.

Proclame o que você é

Pai, agradeço-te pelo que dizes a meu respeito. Eu creio na tua palavra de todo o meu coração e, com toda a minha alma. Eu me recuso a acreditar no que minhas circunstâncias dizem. Eu me recuso a acreditar no que as pessoas dizem. Eu permaneço em sua palavra e, portanto, confesso que sou o que você diz que sou. E eu sou quem você diz que eu sou.

Obrigado porque todo fogo que passo é para fins de purificação e limpeza. Obrigado por se comprometer a limpar toda escória e impureza da minha vida, em Nome de Jesus, amém.

#85

Você é o bem precioso de Deus
(Salmo 135:4) (Efésios 3:6)

"Pois o SENHOR escolheu Jacó para ser seu, Israel para ser seu tesouro pessoal."

"Este mistério é que, pelo evangelho, os gentios são herdeiros juntamente com Israel, membros de um só corpo e participantes da promessa em Cristo Jesus."

Veja, porque você está em Cristo Jesus, você se tornou participante de todas as promessas que Deus deu a Israel. Uma dessas promessas era que Israel seria Sua propriedade preciosa entre todas as nações da terra (Êx 19:5) e o salmista confirma isso no salmo acima citado. Portanto, você deve saber que Deus o escolheu para ser Seu bem precioso. Ele te trata e te guarda como qualquer um trataria e guardaria um tesouro. Você tem um valor especial aos olhos do Deus Todo-Poderoso.

Aqueles que o menosprezam ou o tratam com desprezo não sabem o seu valor. Eles não sabem o seu valor porque não importam. Aquele que mais importa em sua vida diz que você é um tesouro dele. É o valor que Ele lhe dá que conta. Qualquer um que queira ser importante em sua vida deve aceitar o valor que Deus lhe deu ou ele ou ela não merece sua atenção.

Proclame o que você é

Pai, agradeço-te pelo que dizes a meu respeito. Eu creio na tua palavra de todo o meu coração e. com toda a minha alma. Eu me recuso a acreditar no que minhas circunstâncias dizem. Eu me recuso a acreditar no que as pessoas dizem. Eu permaneço em sua palavra e, portanto, confesso que sou o que você diz que sou. E eu sou quem você diz que eu sou.

Continuarei a andar em obediência, santificado e consagrado totalmente a ti. Obrigado por fazer de mim um tesouro Seu. É um privilégio, Senhor, e admiro-te pelo que fizeste de mim, em nome de Jesus, amém.

#86

Seu futuro é mais brilhante que seu presente
(Provérbios 4:18)

"O caminho do justo é como o primeiro brilho da aurora, brilhando cada vez mais até a plena luz do dia."

Não importa o quanto você esteja feliz com o seu presente, há perspectivas maiores para o seu futuro. Não importa o quão rico você seja hoje, se você for justo, seu futuro será mais rico. Não importa o quão bem-sucedido você tenha sido, tudo isso enquanto seu futuro está repleto de mais histórias emocionantes de sucesso. Deus planejou que o caminho do justo fosse cada vez mais claro à medida que ele caminhasse por ele.

Enquanto você permanecer no caminho para o seu destino, as coisas irão melhorar para você, financeiramente, emocionalmente, socialmente e de outra forma. Qualquer coisa que pareça contrária é apenas uma porta de entrada para o propósito final de tornar a vida melhor para você. Você tem dias mais brilhantes pela frente do que pode imaginar. Apenas continue andando em sua pista ordenada por Deus. Sempre que as coisas parecem mais sombrias do que antes, deve soar um sino de que algo não está indo bem. Espere que as coisas fiquem mais brilhantes e melhores à medida que você segue o caminho do seu destino.

Proclame o que você é

Pai, agradeço-te pelo que dizes a meu respeito. Eu creio na Tua palavra de todo o meu coração e de toda a minha alma. Eu me recuso a acreditar no que minhas

circunstâncias dizem. Eu me recuso a acreditar no que as pessoas dizem. Eu permaneço em sua palavra e, portanto, confesso que sou o que você diz que sou. E eu sou quem você diz que eu sou.

Confesso que meus dias estão ficando melhores, mais brilhantes, mais ricos. Meu caminho está ficando mais claro a cada dia que passa. Minha costa está ficando maior, estou subindo mais alto, ficando mais forte, mais sábio, mais compassivo a cada dia, em Nome de Jesus, amém.

#87

Bondade e misericórdia foram atribuídas a você
(Salmos 23:6)

"Certamente que a bondade e a misericórdia me seguirão todos os dias da minha vida, e habitarei na casa do Senhor para sempre."

Você tem duas compaixões fiéis para acompanhá-lo com as bênçãos do Senhor. Um é bondade e o outro é misericórdia. A bondade traz para você todas as coisas boas que Deus ordenou que surgissem em seu caminho e converte as coisas ruins que Satanás envia para o seu caminho para trabalhar para o seu bem. A misericórdia existe para garantir que seus dias sejam carregados com a misericórdia de Deus, que mesmo diante do mais cruel de seus inimigos, a misericórdia sempre prevalecerá em seu nome.

Você vê a palavra "certamente" nesse versículo? Significa que com toda a certeza, sem qualquer possibilidade de falha, a bondade e a misericórdia sempre foram atribuídas a você. Viva diariamente no bem que o Senhor lhe designou. Aproveite a misericórdia de Deus seguindo você e deixe-a fluir para os outros. Sempre que você perceber algo que não parece vir da bondade ou da misericórdia vindo atrás de você, dirija-se a ele e diga, está seguindo a pessoa errada, certamente se perdeu no caminho. Confesse a verdade, viva-a, experimente-a e passe-a aos outros. Qualquer coisa que não venha desses dois não tem o direito de seguir você. Cegue diariamente os olhos de todos os seguidores ilegais e crie espaço para que a bondade e a misericórdia ordenadas pelo Senhor o sigam sem impedimento.

Proclame o que você é

Pai, agradeço-te pelo que dizes a meu respeito. Eu creio na Tua palavra de todo o meu coração e de toda a minha alma. Eu me recuso a acreditar no que minhas circunstâncias dizem. Eu me recuso a acreditar no que as pessoas dizem. Eu permaneço em sua palavra e, portanto, confesso que sou o que você diz que sou. E eu sou quem você diz que eu sou.

Você designou Sua bondade e Sua misericórdia para me seguir todos os dias da minha vida. Senhor, rejeito tudo o que está me seguindo, que não esteja associado ou liberado por Sua bondade e misericórdia. Vou experimentar Sua bondade e Sua misericórdia onde quer que eu vá e em tudo o que eu fizer, em Nome de Jesus, amém.

#88

Você tem o poder de moldar seu destino
(Números 14:28)

"Portanto, diga-lhes: Tão certo como eu vivo, declara o Senhor, farei com vocês exatamente o que ouvi vocês dizerem"

A Bíblia diz que há um tremendo poder para dar vida ou causar a morte na língua de qualquer ser humano. Mais ainda, para os crentes cujas palavras têm poder criativo, esta é uma verdade mais séria. No versículo acima, Deus expressa o fato de que Ele fará conosco as mesmas coisas que proferimos, consciente ou inconscientemente. Por suas declarações, pronunciamentos e pronunciamentos, você pode moldar seu destino, declarando as coisas que Deus disse sobre você.

Existem muitas pessoas que são os arquitetos de seu próprio infortúnio por causa das coisas que costumam dizer. A partir de hoje você deve entender que seu destino está em sua boca. Você deve tomar o partido de Deus e declarar as coisas que Ele declarou sobre você em Sua palavra. Ao fazer isso, você está moldando seu destino de acordo com a vontade de Deus para você. É mais uma razão pela qual você deve encher seu coração com a palavra de Deus. "Que as palavras de Cristo habitem ricamente em vocês" para que em tempos de emergência sejam liberadas, consciente ou inconscientemente.

Conforme você fala a palavra de Deus de seu coração, ela sai para trabalhar para você. Seu chefe, cônjuge, parente ou governo não é o responsável por onde você está. Suas palavras abriram o caminho para onde você está agora e somente suas palavras podem abrir o caminho para você. Você quer uma mudança nas circunstâncias? Então comece a declarar e proclamar o que a palavra de Deus diz sobre você.

Proclame o que você é

Pai, agradeço-te pelo que dizes a meu respeito. Eu creio na Tua palavra de todo o meu coração e de toda a minha alma. Eu me recuso a acreditar no que minhas circunstâncias dizem. Eu me recuso a acreditar no que as pessoas dizem. Eu permaneço em sua palavra e, portanto, confesso que sou o que você diz que sou. E eu sou quem você diz que eu sou.

Perdoe-me Senhor, por todas as palavras negativas que me trouxeram à minha situação atual. Eu decido declarar apenas o que você diz sobre mim. A partir de hoje assumirei o controle do meu destino e deixarei meu coração ser preenchido com Suas palavras para que minha boca o declare, em Nome de Jesus, amém.

#89

Há anjos ao seu redor
(Salmo 34:7) (Hebreu 1:14)

"O anjo do Senhor acampa-se ao redor dos que o temem, e os livra."

"Não são todos os anjos espíritos ministradores enviados para servir aqueles que herdarão a salvação?"

Os anjos são seus companheiros fiéis designados para ajudá-lo e protegê-lo nos assuntos diários da vida. Você pode usá-los na guerra. Eles acampam ao seu redor para protegê-lo e recebem suas ordens em que domínio você deseja que interfiram em sua vida diária. Muitos de nós falhamos em fazer uso deste recurso dado por Deus para a vida diária. Eles não agirão até que você ou o Pai lhes dê ordens. Eles são enviados para atendê-lo e, portanto, esperam por você as instruções apropriadas para realizar em seu nome.

A partir de hoje comece a fazer uso de seus anjos. Você tem o privilégio de ter o Pai atribuindo-os a você, não desperdice este recurso maravilhoso colocado a seu serviço pelo Pai. Pessoalmente, vi anjos trabalharem a meu favor em muitas ocasiões. Eu os fiz meus parceiros no ministério, especialmente quando estou realizando a libertação. Eu os vi trazer resultados muito rápidos. Eles estão lá para você. Eles não têm limitações como nós. Eles têm acesso a lugares que você nunca irá nesta vida.

Proclame o que você é

Pai, agradeço-te pelo que dizes a meu respeito. Eu creio na tua palavra de todo o meu coração e. com toda a minha alma. Eu me recuso a acreditar no que minhas circunstâncias dizem. Eu me recuso a acreditar no que as pessoas dizem. Eu permaneço em sua palavra e, portanto, confesso que sou o que você diz que sou. E eu sou quem você diz que eu sou.

Senhor, eu te invocarei para intervenções angelicais. Ordenarei aos anjos que trabalhem a meu favor. Farei uso deles na guerra espiritual. Obrigado por colocá-los sob meu comando, em Nome de Jesus, amém.

#90

Você é uma chama viva de fogo
(Hebreus 1:7)

"Ao falar dos anjos, ele diz:" Ele faz ventos de seus anjos, chamas de fogo de seus servos.

Há ocasiões em que, ao ministrar às pessoas, elas se sentem tocadas pelo fogo. Quando os demônios veem você, eles veem fogo. Isso acontece quando você ativa a chama de fogo ao seu redor pela fé. Várias vezes pedi ao Senhor que me deixasse aparecer como chamas de fogo no reino espiritual. Desta forma, coisas estranhas ficam claras. Quando vocês são chamas de fogo, tudo o que se aproxima de vocês é queimado. Na verdade, as coisas más ficam longe de você por medo de serem consumidas.

Proclame o que você é

Pai, agradeço-te pelo que dizes a meu respeito. Eu creio na Tua palavra de todo o meu coração e de toda a minha alma. Eu me recuso a acreditar no que minhas circunstâncias dizem. Eu me recuso a acreditar no que as pessoas dizem. Eu permaneço em sua palavra e, portanto, confesso que sou o que você diz que sou. E eu sou quem você diz que eu sou.

Vou manter minha chama e protegê-la de todos os extintores de incêndio. Vou alimentar o fogo que devo queimar cada vez mais com o óleo da Tua presença, em nome de Jesus, amém.

#91

Você é um herdeiro do Pai
(Romanos 8:16-17)

"O próprio Espírito testifica com o nosso espírito que somos filhos de Deus. Ora, se somos filhos, também somos herdeiros, herdeiros de Deus e co-herdeiros com Cristo, se de fato participamos dos seus sofrimentos, para que também participemos da sua glória".

Porque você é um herdeiro do Pai, isso significa que tudo o que o Pai possui é seu. Você tem o direito de primogenitura a tudo o que pertence ao seu Pai, não importa onde esteja localizado. E sabe de uma coisa? A Bíblia diz que "do Senhor é a terra e tudo o que nela existe" (Sl 24:1a). Em outro lugar é dito que o gado em mil colinas é todo Dele, que toda a prata e ouro que existe neste mundo pertence a Deus.

Você é um herdeiro de Seu poder e autoridade. Você é um herdeiro de Sua natureza e caráter. A principal coisa que um herdeiro herda não é a propriedade daquele de quem ele é herdeiro, mas o caráter da pessoa. Enxergue-se e viva diariamente como herdeiro do Pai. A prata e o ouro, o poder e a autoridade, o amor e a fidelidade são todos seus. Não permita que nada, absolutamente nada o roube de tudo o que lhe pertence.

Proclame o que você é

Pai, agradeço-te pelo que dizes a meu respeito. Eu creio na Tua palavra de todo o meu coração e de toda a minha alma. Eu me recuso a acreditar no que minhas circunstâncias dizem. Eu me recuso a acreditar no que as pessoas dizem. Eu permaneço em sua palavra e, portanto, confesso que sou o que você diz que sou. E eu sou quem você diz que eu sou.

Obrigado por me dar acesso para possuir tudo o que é seu e tudo o que é seu. Pela fé, Senhor, me aproprio de tudo o que é meu como herdeiro do Pai; a prata e o ouro, riquezas e honra, poder e autoridade, amor e fidelidade; Senhor, tudo que é de Ti ou é de Ti, em Nome de Jesus, amém.

#92

Você tem poder de ressurreição em você
(Efésios 1:19-20)

"E seu poder incomparavelmente grande para nós que cremos. Esse poder é como a operação de sua grande força, que ele exerceu em Cristo quando o ressuscitou dentre os mortos e o assentou à sua direita nas regiões celestiais"

A Bíblia diz que o tipo de poder que está em nós, os crentes, é o mesmo poder que Deus exerceu poderosamente quando ressuscitou a Cristo e o assentou nos lugares celestiais. É esse mesmo poder que você está carregando. É que todos nós aprendemos apenas em graus variados e limitados de como liberar o poder em nós. O segredo está em ter uma revelação do poder e como liberá-lo. Quando descobri essa verdade pela primeira vez, ela aumentou muito o grau de poder em minhas sessões de libertação. Eu descobri que esse mesmo poder está trancado em mim e então, pela fé, me propus a usá-lo para trazer libertação aos cativos.

Quero lhe dizer a verdade que a diferença nos níveis de unção dos crentes reside apenas no fato de que alguns dominaram o segredo para liberar o poder da ressurreição neles. A fé é o canal para a liberação desse poder, quanto maior a sua fé, maior o tubo por onde o poder flui, e quanto maior o poder fluindo, maior o poder liberado, e quanto maior o poder liberado, maiores os resultados. . Lembro que alguém veio e segurou minha mão depois de uma reunião que ela queria receber um pouco de poder.

Não tenho mais poder do que você, posso apenas ter aprendido como liberar o mesmo poder que está em todos nós. Pense em qualquer pessoa que demonstre poder em seu ministério. O simples fato é que eles aprenderam a fornecer um grande canal para o fluxo e a liberação do poder da ressurreição encerrado em cada um de nós. Você tem um poder incalculável dentro de você. Smith Wigglesworth disse que você é mil vezes maior por dentro do que por fora. Isso tudo por causa do poder da ressurreição que Ele colocou em você. Saia e comece a usar o poder.

Proclame o que você é

Pai, agradeço-te pelo que dizes a meu respeito. Eu creio na tua palavra de todo o meu coração e, com toda a minha alma. Eu me recuso a acreditar no que minhas circunstâncias dizem. Eu me recuso a acreditar no que as pessoas dizem. Eu permaneço em sua palavra e, portanto, confesso que sou o que você diz que sou. E eu sou quem você diz que eu sou.

Obrigado pelo poder que você colocou em mim, o mesmo poder da ressurreição que ressuscitou Jesus Cristo dentre os mortos. Senhor, pela fé, começarei a usar esse poder para libertar cativos e trazer vida a situações que parecem sem esperança. Senhor, pela fé, liberarei Teu poder em mim, para trabalhar na vida dos oprimidos, em Nome de Jesus, amém.

#93

Existem rios fluindo dentro de você
(João 7:37-38)

"No último dia, aquele grande dia da festa, Jesus levantou-se e clamou dizendo: "Se alguém tem sede, venha a mim e beba. correm rios de água viva"

O Senhor disse que todo aquele que Nele crer terá rios de águas vivificantes fluindo de seu interior. Quero que saiba que existem rios de água viva fluindo dentro de você. Quando o nível desse rio diminui, a quantidade de energia para iluminar sua vida também diminui. Você sabe que a quantidade de energia hidrelétrica gerada em qualquer rio depende do volume de água que está fluindo. Quanto maior o volume de água, maior a potência que pode ser gerada e vice-versa.

Para manter sua luz mais brilhante, você deve garantir que o maior volume possível de água esteja fluindo através de você. Isso depende da sua conexão com a principal fonte do seu rio – o Espírito Santo. À medida que você permite que o Espírito Santo flua em você e através de você, os rios também fluem para tocar a vida dos outros. Um rio sem a saída adequada logo se torna um lago e perde a 'vida' que está nele. A peculiaridade de um rio é que ele varre os detritos que nele caem. Sua vida só pode ser tão limpa quanto o volume dos rios que fluem através de você.

Abra sua vida e deixe as águas correrem para dar vida a qualquer coisa moribunda ao seu redor. Existe um rio de alegria viva em você. Existe um rio de amor vivo em você. Existe um rio de viva esperança em você. Existe um rio de fé viva em você. Existe um rio de paz viva em você. Deixe que esses rios fluam e abençoe as pessoas ao seu redor. O que você precisa para manter um fluxo intenso em sua vida é a chuva do Espírito. Sem Sua chuva, sua vida se tornará um deserto. Anseie pela chuva do Espírito diariamente. É melhor que os seus rios transbordem do que sequem.

Proclame o que você é

Pai, agradeço-te pelo que dizes a meu respeito. Eu creio na Tua palavra de todo o meu coração e de toda a minha alma. Eu me recuso a acreditar no que minhas circunstâncias dizem. Eu me recuso a acreditar no que as pessoas dizem. Eu permaneço em sua palavra e, portanto, confesso que sou o que você diz que sou. E eu sou quem você diz que eu sou.

Ajude-me a ficar conectado ao Seu Espírito para que os rios fluam através de mim para os outros e nunca sequem. Senhor, abro minha vida para a chuva do alto, para manter os rios fluindo alto e forte, em Nome de Jesus, amém.

#94

Tudo é possível para você se você acreditar
(Marcos 9:23)

"Se tu podes?", disse Jesus. "Tudo é possível ao que crê."

Esta não é a crença geral, mas a fé expressa em uma expectativa particular de vê-la concedida. Fala da crença exercida e demonstrada quando se deseja que um determinado resultado seja produzido. Porque você creu no Senhor Jesus, é possível que você acredite Nele para situações particulares. A palavra impossível não deve fazer parte da sua vida e dos seus afazeres. A extensão de sua crença é a extensão de seus resultados. O crente vive em um mundo de possibilidades; onde tudo é possível e nada é impossível. Muitos de nós não vemos resultados extraordinários porque não acreditamos em Deus para coisas extraordinárias.

Se você quer ver o impossível tornado possível, então você deve acreditar em Deus para as coisas impossíveis. Percebi que tenho acreditado em Deus apenas para as coisas que são possíveis. Estou saindo para acreditar Nele por coisas que até agora não foram possíveis na história da humanidade. Estou buscando coisas que não foram possíveis na história da minha vida. É hora de você quebrar recordes. Se você tiver que quebrar recordes, então creia em Deus para o "inacreditável" e caminhe pelos reinos das impossibilidades tornadas possíveis pelo poder que está no Nome de Jesus Cristo de Nazaré.

Proclame o que você é

Pai, agradeço-te pelo que dizes a meu respeito. Eu creio na Tua palavra de todo o meu coração e de toda a minha alma. Eu me recuso a acreditar no que minhas

circunstâncias dizem. Eu me recuso a acreditar no que as pessoas dizem. Eu permaneço em sua palavra e, portanto, confesso que sou o que você diz que sou. E eu sou quem você diz que eu sou.

Senhor, ajude-me a exercer minha fé para crer em Ti para o impossível. Quero estender minha fé a níveis que nunca fiz antes. Estou buscando mais Senhor, ajude-me a caminhar nos reinos das impossibilidades tornadas possíveis, em Nome de Jesus, amém.

#95

Deus te fez invencível
(Josué 1:5)

"Ninguém será capaz de resistir a você todos os dias da sua vida. Como fui com Moisés, assim serei com vocês; Eu nunca te deixarei nem te desampararei."

Deus disse a Josué que: "Como eu era... assim serei". O nosso é um Deus que nunca muda, de era em era Ele é o mesmo em poder, sabedoria, autoridade etc. Ele disse a Josué que ninguém seria capaz de se levantar contra ele. É a mesma promessa que Ele tem para você. Se você andar de acordo com Seus preceitos, todos os seus inimigos cairão diante de você porque Deus assim o decretou. A partir de hoje quero que você viva sabendo que não pode ser derrotado pelo inimigo. Deus fez você imbatível e inexpugnável. O inimigo virá, mas ele não será capaz de resistir a você. Ele pode até parecer fazer algum progresso ao avançar contra você, mas tropeçará antes de alcançá-lo.

Estou maravilhado com a maneira como o Senhor resolveu isso para mim repetidas vezes, quando pensei que o inimigo estava quase vencendo, mas acabei de obter a vitória. Cada vez mais o fato de que Deus me tornou indomável me deu confiança. Veja o que Ele diz: "como eu era... assim serei". Você está servindo ao Deus de ontem, hoje e para sempre. Ele é "Jesus Cristo o mesmo, ontem, hoje e sempre". Como Ele foi com Moisés, Ele também será com você.

O Moisés que não pôde ser morto pela espada do faraó, nem afogado no rio Nilo, o Moisés que não pôde ser engolido por anos de sofrimento no deserto, o Moisés que derrotou reis e repartiu seus reinos como herança para o povo de

Deus; como Deus estava com ele, assim Deus estará com você. Essa é a promessa Dele e você tem que acreditar.

Proclame o que você é

Pai, agradeço-te pelo que dizes a meu respeito. Eu creio na Tua palavra de todo o meu coração e de toda a minha alma. Eu me recuso a acreditar no que minhas circunstâncias dizem. Eu me recuso a acreditar no que as pessoas dizem. Eu permaneço em sua palavra e, portanto, confesso que sou o que você diz que sou. E eu sou quem você diz que eu sou.

Obrigado por sua promessa de que nenhum inimigo será capaz de se levantar contra mim todos os dias da minha vida. Andarei em seus preceitos e meditarei em sua palavra para aumentar minha confiança. Enfrentarei todas as batalhas sabendo que Tu decretaste a vitória para mim, em Nome de Jesus, amém.

#96

Você tem imunidade divina
(Salmo 105:15)

"Não toquem nos meus ungidos; não façam mal aos meus profetas".

Deus lhe concedeu imunidade da mão do maligno. Quando ele diz não toque, eles são obrigados a obedecer, porque é uma ordem do Rei do universo. Você vê que a verdade é que satanás e seus demônios conhecem este decreto e eles se afastam dos crentes. No entanto, existem satanistas que são ignorantes e então o diabo usa sua ignorância para mandá-los para zonas de perigo. Quando eles vêm, eles obviamente encontram seu destino.

Lembro-me durante uma sessão de libertação quando percebi que a garota a quem estávamos ministrando a libertação estava possuída pela alta sacerdotisa do reino marinho ao qual ela pertencia. Claro, ela veio para resistir e atrapalhar a libertação. Quando percebi isso através de uma palavra de sabedoria, tive que puni-la com muita seriedade, ela saiu gritando depois de todo castigo que dei a ela. Enquanto os espíritos demoníacos fugiam, ela resistiu e experimentou o poder do Espírito Santo. Enquanto você viver uma vida de cruz, o diabo não poderá lhe fazer mal. Enquanto você permanecer sob a cobertura do sangue do Cordeiro, tudo respeita a imunidade divina sobre sua vida.

Proclame o que você é

Pai, agradeço-te pelo que dizes a meu respeito. Eu creio na Tua palavra de todo o meu coração e de toda a minha alma. Eu me recuso a acreditar no que minhas

circunstâncias dizem. Eu me recuso a acreditar no que as pessoas dizem. Eu permaneço em sua palavra e, portanto, confesso que sou o que você diz que sou. E eu sou quem você diz que eu sou.

Obrigado por me conceder imunidade de todos os ataques do maligno. Eu permanecerei sob a cobertura da cruz e do seu sangue. Não vou quebrar a cerca que me cerca por meio de concessões pecaminosas, em nome de Jesus, amém.

#97

Sua libertação é garantida
(Salmo 34: 19)

"O justo passa por muitas tribulações, mas o Senhor o livra de todas"

O Senhor não prometeu que você nunca se encontrará em situações difíceis. Muitas pessoas desistem facilmente diante da adversidade porque deixaram de esperar a libertação. Alguns poderiam apenas esperar até agora e quando a libertação não veio quando eles pensaram que deveria, eles desistiram. Ouça, quero lhe dizer que, não importa o quão difícil seja a situação que se apresenta em seu caminho, Deus lhe prometeu a libertação e, portanto, você pode esperar com toda a expectativa e certeza de que, embora demore, certamente virá. Não é uma questão de se virá, mas de quando virá. Enquanto você for um indivíduo justo, embora suas aflições possam ser muitas, haverá libertação de todas elas.

Você deve viver cada dia na expectativa da intervenção divina em tudo o que lhe diz respeito e que pode parecer estar dando errado. Nunca se permita resignar-se ao pano de fundo da derrota e do desespero. Nunca se permita ser relegado à ravina da desesperança. A esperança é a tábua de salvação da libertação porque a esperança é a base sobre a qual a fé é demonstrada. Agora eu quero que você escreva as coisas que são problemas para sua vida. Dirija-se a cada um e declare o fato de que o Senhor livrou e livrará você de todos eles. Faça disso sua rotina até que você a veja manifestada no físico.

Proclame o que você é

Pai, agradeço-te pelo que dizes a meu respeito. Eu creio na Tua palavra de todo o meu coração e de toda a minha alma. Eu me recuso a acreditar no que minhas circunstâncias dizem. Eu me recuso a acreditar no que as pessoas dizem. Eu permaneço em sua palavra e, portanto, confesso que sou o que você diz que sou. E eu sou quem você diz que eu sou.

Obrigado, Senhor, porque você garantiu a libertação de todos os meus problemas. Qualquer que seja o problema que eu possa enfrentar, enfrentarei cada dia na expectativa de Sua poderosa libertação, em Nome de Jesus, amém.

#98

Você deve estar sempre no topo
(Deuteronômio 28: 13)

"O SENHOR fará de você a cabeça, não a cauda. Se você prestar atenção aos mandamentos do Senhor, seu Deus, que eu lhe dou hoje e segui-los cuidadosamente, você sempre estará no topo, nunca no fundo".

O Senhor deu a você o segredo da excelência em qualquer domínio em que você esteja. Os princípios do sucesso permanecem os mesmos, não importa a sua esfera de negócios. Se você andar de acordo com os preceitos divinos, o sucesso é garantido para você. E não é qualquer tipo de sucesso, mas aquele que o catapulta para o topo de sua área de vocação. Portanto, sempre que você se encontrar no fundo do poço, saiba que está no lugar errado. Você foi ordenado para estar no topo.

A falha permanente não é sua parte; qualquer falha que venha é para prepará-lo para um sucesso sem precedentes que de outra forma você não seria capaz de lidar. O topo é o lugar para você ficar. Você já viu pessoas subirem do nada até o topo. A razão simples é a descoberta de princípios divinos para a excelência. Você serve a um Deus de excelência extraordinária. Você não pode se dar ao luxo de ser medíocre. A mediocridade é um atributo estranho a qualquer filho de Deus porque os genes em você são genes do Deus de toda excelência. Ele faz bem tudo o que faz e essa mesma capacidade está trancada dentro de você. Recuse o Cristianismo básico. Resista à tentação da mediocridade e suba às alturas ordenadas para você pelo Senhor.

Proclame o que você é

Pai, agradeço-te pelo que dizes a meu respeito. Eu creio na Tua palavra de todo o meu coração e de toda a minha alma. Eu me recuso a acreditar no que minhas circunstâncias dizem. Eu me recuso a acreditar no que as pessoas dizem. Eu permaneço em sua palavra e, portanto, confesso que sou o que você diz que sou. E eu sou quem você diz que eu sou.

Senhor, eu rejeito a mediocridade e busco a excelência. Vou colocar tudo de mim e explorar Seus princípios revelados para o sucesso. Ajude-me a aplicar os princípios de sucesso e excelência revelados em Sua palavra, em Nome de Jesus, amém.

#99

Deus sabe o que você precisa
(Mateus 6:8) (Filipenses 4:19)

"Não sejam como eles, pois seu Pai sabe do que vocês precisam antes mesmo de pedirem a ele."

"E o meu Deus suprirá todas as vossas necessidades de acordo com as suas gloriosas riquezas em Cristo Jesus."

Tudo o que você precisa, tanto aqueles que você conhece quanto aqueles que você não conhece, são conhecidos por seu Pai antes mesmo de você pedir a Ele para fornecer. Tudo o que você precisa fazer é apresentar suas necessidades da maneira mais simples possível, sem tentar fazer com que Deus o entenda. Ele prometeu que suprirá todas as suas necessidades de acordo com Suas riquezas. Essas necessidades silenciosas em seu coração são conhecidas por Ele. No entanto, Ele ordenou que você peça para receber. Ele está empenhado em atender todas as suas necessidades mais do que você imagina, mas pelos princípios divinos você terá que pedir.

Ele diz que antes mesmo de você ligar Ele vai atender, mas é o chamado que libera a resposta que já foi dada. A chamada é como o interruptor que libera a corrente para fluir para o dispositivo. Isso é o que o seu pedido faz; ela libera aquilo que já foi providenciado para vir até você. Você não está lidando com um Deus relutante, o Deus a quem você serve está mais do que disposto e pronto para atender todas as suas necessidades enquanto você O alcança em oração, expectativa e fé.

Proclame o que você é

Pai, agradeço-te pelo que dizes a meu respeito. Eu creio na Tua palavra de todo o meu coração e de toda a minha alma. Eu me recuso a acreditar no que minhas circunstâncias dizem. Eu me recuso a acreditar no que as pessoas dizem. Eu permaneço em sua palavra e, portanto, confesso que sou o que você diz que sou. E eu sou quem você diz que eu sou.

Obrigado Senhor, porque Tu conheces todas as minhas necessidades. Recuso-me a me preocupar e ficar ansioso com qualquer coisa, mas por meio da oração darei a conhecer minhas necessidades a Ti e pela fé receberei o que peço, em Nome de Jesus, amém.

#100

Você é inútil sem Cristo Jesus
(João 15:5)

"Eu sou a videira; vocês são os galhos. Se alguém permanecer em mim e eu nele, esse dará muito fruto; sem mim nada podeis fazer".

Agora, tudo o que foi dito aqui depende de sua compreensão deste ponto. Embora eu tenha colocado no final, é o mais importante de todas as coisas que Deus disse sobre você porque, a menos que seja entendido, você pode ser enganado ao pensar que é porque você é melhor do que os outros, é por isso que tais coisas foram ditas. de você. Se há apenas uma coisa que você deve obter deste livro, deve ser este ponto; que sem Cristo você não é nada, não pode fazer nada e não pode se tornar nada de valor aos olhos de Deus.

Você é o que é hoje por causa de Cristo. Você deve reconhecê-lo sempre para que não comece a olhar para si mesmo. Que o seu olhar esteja continuamente no Senhor, confesse que você não é nada sem Ele e viva sempre na dependência Dele. Ele é sua fonte, âncora, esperança, alegria e tudo mais. Reconheça diariamente o fato de que tudo o que você é ou poderia ser é por causa Dele. É por isso que ao longo das escrituras, especialmente nas epístolas, você frequentemente encontrará a frase "nele".

Proclame o que você é

Pai, agradeço-te pelo que dizes a meu respeito. Eu creio na Tua palavra de todo o meu coração e de toda a minha alma. Eu me recuso a acreditar no que minhas

circunstâncias dizem. Eu me recuso a acreditar no que as pessoas dizem. Eu permaneço em sua palavra e, portanto, confesso que sou o que você diz que sou. E eu sou quem você diz que eu sou.

Senhor, é em Cristo Jesus que conta tudo o que disseste a meu respeito. Ajude-me a viver diariamente nele e para Ele, para que tudo o que você disse a respeito se torne parte da minha experiência diária, em Nome de Jesus, amém.

#101

Vai ficar bem com você
(Isaías 3:10a)

"Diga aos justos que tudo irá bem com eles..."

Esse é um anúncio do Trono da graça que deve fazer você gritar pela vitória. Deus diz para lhe dizer que tudo ficará bem com você. Não importa quais foram suas experiências passadas. Não importa o que parece estar acontecendo agora no físico. Mas o Senhor diz, Ele está providenciando tudo para o seu bem-estar.

Vai ficar bem com suas finanças

Deve estar bem com o seu negócio

Vai ficar bem com o seu trabalho

Vai ficar tudo bem com o seu casamento

Deve estar bem com seus acadêmicos

Será bom para o seu ministério.

Isso é o que o céu diz para anunciar a você. E enquanto o céu disser, podemos confiar que será exatamente como Ele prometeu. Não se concentre nas circunstâncias, mas no que Ele disse em Sua palavra infalível a seu respeito. Tudo ficará bem com você, se você acreditar e declarar de acordo com o que Deus já disse, certamente acontecerá. Você se lembra da mulher em Suném? Quando seu filho morreu e ela foi ao profeta, ela disse ao marido: "tudo ficará bem". Quando ela chegou ao homem de Deus e lhe perguntaram qual era o problema, ela disse: "está bem".

Esse é o tipo de fé que você deve confessar diariamente. Deus disse que tudo ficará bem com você, assim será. Você tem a responsabilidade de proclamá-lo para todas as situações que possam querer ir ao contrário.

Proclame o que você é

Pai, agradeço-te pelo que dizes a meu respeito. Eu creio na Tua palavra de todo o meu coração e de toda a minha alma. Eu me recuso a acreditar no que minhas circunstâncias dizem. Eu me recuso a acreditar no que as pessoas dizem. Eu permaneço em sua palavra e, portanto, confesso que sou o que você diz que sou. E eu sou quem você diz que eu sou.

Confesso que estará bem comigo em todos os aspectos da minha vida. Eu me recuso a acreditar no que as circunstâncias estão dizendo. Você disse que vai ficar tudo bem comigo, Senhor, eu creio e vou proclamar isso diariamente, em nome de Jesus, amém.

#102

Você vai desfrutar do fruto do seu trabalho
(Isaías 3:10b)

"... Pois eles gozarão do fruto de suas ações"

O tempo de trabalho infrutífero para você já passou! A partir deste dia, você desfrutará do fruto de todo o seu trabalho. O diabo não roubará mais sua colheita.

Você vai desfrutar do fruto de suas orações

Você vai desfrutar do fruto de seus jejuns

Você vai desfrutar do fruto de sua doação

Você vai desfrutar do fruto do seu evangelismo

Você vai desfrutar do fruto de seus estudos

Você vai desfrutar do fruto do seu casamento

Você vai desfrutar do fruto de seus sacrifícios

Você vai desfrutar do fruto do seu trabalho duro

Você vai desfrutar do fruto de seus investimentos.

Essa é a declaração do céu a seu respeito. A partir de hoje você não permitirá que o diabo roube suas bênçãos. Trabalho infrutífero não é sua porção! Existe algum lugar onde você trabalhou e parece que os frutos não estão vindo?

Aborde-o com a palavra de Deus. Recuse-se a ser enganado pelas circunstâncias acionadas pelo inimigo. O que Deus disse deve ser obedecido por toda a criação. Você tem a comissão de reforçar os decretos e anúncios divinos.

Proclame o que você é

Pai, agradeço-te pelo que dizes a meu respeito. Eu creio na Tua palavra de todo o meu coração e de toda a minha alma. Eu me recuso a acreditar no que minhas circunstâncias dizem. Eu me recuso a acreditar no que as pessoas dizem. Eu permaneço em sua palavra e, portanto, confesso que sou o que você diz que sou. E eu sou quem você diz que eu sou.

Senhor, não desistirei de trabalhar por medo de não aproveitar os frutos do meu trabalho. Senhor, eu convoco os frutos agora em todos os lugares e áreas em que trabalhei, em nome do amém de Jesus.

#103

Sua vida está escondida com Cristo em Deus
(Colossenses 3:3)

"Porque morrestes, e a vossa vida agora está escondida com Cristo em Deus"

Aquilo que foi escondido por Deus não pode ser descoberto pelo inimigo. Deus escondeu sua vida com Cristo Jesus em Si mesmo. Isso significa que você está fora do alcance do inimigo. Se Cristo não pode ser tocado por causa de onde Ele está, então você também não pode ser tocado porque o mesmo lugar onde Cristo está é onde você foi escondido. É muito reconfortante saber que você está em um lugar especial em Deus.

Sua morada é o próprio Deus. Isso é o que a Bíblia diz. Então, a partir de hoje, comece a se ver fora do alcance do inimigo. Não é incrível que o Senhor faça tal coisa por você? O versículo acima não é uma possibilidade. Paulo diz que é um fato consumado. Não tem nada a ver com você, Deus fez por conta própria. Você não pode ser tocado pelo inimigo. Deus tem que conceder a ele acesso a Si mesmo, então um segundo acesso a Cristo, então um terceiro acesso a você. Sua vida está escondida com Cristo em Deus, aleluia!

Proclame o que você é

Pai, agradeço-te pelo que dizes a meu respeito. Eu creio na Tua palavra de todo o meu coração e de toda a minha alma. Eu me recuso a acreditar no que minhas circunstâncias dizem. Eu me recuso a acreditar no que as pessoas dizem. Eu permaneço em sua palavra e, portanto, confesso que sou o que você diz que sou. E eu sou quem você diz que eu sou.

Rejeito e renuncio a todas as alianças de casamento feitas em meu nome ou por mim mesmo, consciente ou inconscientemente. Eu tenho apenas um marido que é Jesus Cristo. Eu pertenço a Cristo Jesus com todo o meu espírito, alma e corpo, em nome de Jesus, amém.

#104

Você é casado com Cristo
(Romanos 7:2, 2Cor 11:2)

"Por exemplo, por lei, a mulher casada está ligada ao marido enquanto ele estiver vivo, mas se o marido morrer, ela está liberada da lei que a liga a ele"

"Estou com ciúmes de você com um ciúme piedoso. Prometi-te a um só marido, a Cristo, para apresentar-te como uma virgem pura a ele".

Com o aumento dos fenômenos de esposas e maridos espirituais, é necessário que você conheça sua posição em Cristo. Você foi prometido a Cristo. Você é parte de Sua Noiva. Isso significa que qualquer marido ou esposa espiritual está operando de forma ilegal. Se você vir sinais de que sua vida está sendo atormentada por causa de laços com um cônjuge espiritual, com base em seu casamento eterno com Jesus, repreenda o demônio e julgue todas as operações dele em sua vida porque seu Marido vive para sempre. Se você está em Cristo, mesmo que tal relacionamento com um cônjuge espiritual tenha sido pré-estabelecido, você tem o mandato de renunciar a ele porque sua posição em Cristo o liberta de qualquer aliança inferior com o inimigo.

Proclame o que você é

Pai, agradeço-te pelo que dizes a meu respeito. Eu creio na Tua palavra de todo o meu coração e de toda a minha alma. Eu me recuso a acreditar no que minhas

circunstâncias dizem. Eu me recuso a acreditar no que as pessoas dizem. Eu permaneço em sua palavra e, portanto, confesso que sou o que você diz que sou. E eu sou quem você diz que eu sou.

Rejeito e renuncio a todas as alianças de casamento feitas em meu nome ou por mim mesmo, consciente ou inconscientemente. Eu tenho apenas um marido que é Jesus Cristo. Eu pertenço a Cristo Jesus com todo o meu espírito, alma e corpo, em nome de Jesus, amém.

#105

Deus lhe dará singeleza de coração
(Jeremias 32:39)

"Darei a eles sinceridade de coração e ação, para que sempre tenham medo de mim e para que tudo corra bem para eles e para seus filhos depois deles."

Se há um problema com muitos crentes, é a divisão de coração. E com tal problema cardíaco, não há como você ter o melhor desempenho. Deus sabe que você não pode entrar em sua herança completa se operar com coração duplo e por isso Ele prometeu dar a você singeleza de coração e ação. Ou seja, Ele quer fazer você de tal forma que todas as suas ações concordem com o que vem do seu próprio coração. Cabe a você se apropriar desse dom e estar no seu melhor para o Senhor. A singeleza de coração e ação é uma virtude a ser desejada e buscada. Não há nada tão inútil quanto um coração dividido, mas esse parece ser um dos maiores males que assolam a humanidade. Peça ao Senhor um único coração e creia que Ele lhe deu.

Proclame o que você é

Pai, agradeço-te pelo que dizes a meu respeito. Eu creio na Tua palavra de todo o meu coração e de toda a minha alma. Eu me recuso a acreditar no que minhas circunstâncias dizem. Eu me recuso a acreditar no que as pessoas dizem. Eu permaneço em sua palavra e, portanto, confesso que sou o que você diz que sou. E eu sou quem você diz que eu sou.

Senhor, eu peço a Ti um único coração, eu recebo pela fé, em Nome de Jesus, amém.

Conclusão

Dissemos antes que conhecimento é poder. O que você sabe afetará o que você faz e o que você eventualmente se tornará. O propósito deste livro é que, ao saber o que Deus diz sobre você, você possa tomar o partido de Deus, confessando e declarando as coisas que Ele disse sobre você. Ao declará-los, você também deve garantir que vive de acordo com os preceitos e princípios de vida revelados na palavra de Deus. Confessar sem obedecer não produzirá nenhum resultado. É quando você cumpre o que Deus diz que suas orações e confissão do que Ele disse sobre você produzirão os resultados necessários. Então, de hoje em diante, porque agora você sabe, você deve se tornar o que Deus diz que você deve se tornar.

www.ingramcontent.com/pod-product-compliance
Lightning Source LLC
Chambersburg PA
CBHW030150100526
44592CB00009B/212